PORTUGUESE: ONE MINUTE AN HOUR

Key to pronunciation, vocabulary traps, basic grammar and culture tips

PORTUGUÊS: UM MINUTO POR HORA

Chave para a pronúncia, armadilhas de vocabulário, gramática básica e dicas de cultura

PORTUGUESE: ONE MINUTE AN HOUR

Key to pronunciation, vocabulary traps,
basic grammar and culture tips

PORTUGUÊS: UM MINUTO POR HORA

Chave para a pronúncia, armadilhas de vocabulário,
gramática básica e dicas de cultura

Cristina A. Schumacher
Larissa Bauermann Ramos

ELSEVIER

CAMPUS

Copidesque: Fernanda de Azevedo
Revisão: Gabriel Pereira
Editoração Eletrônica: Estúdio Castellani

Elsevier Editora Ltda.
Conhecimento sem Fronteiras
Rua Sete de Setembro, 111 – 16º andar
20050-006 – Centro – Rio de Janeiro – RJ – Brasil

Rua Quintana, 753 – 8º andar
04569-011 – Brooklin – São Paulo – SP – Brasil

Serviço de Atendimento ao Cliente
0800-0265340
atendimento1@elsevier.com

ISBN 978-85-352-7858-3
ISBN (versão digital): 978-85-352-8028-9

Nota: Muito zelo e técnica foram empregados na edição desta obra. No entanto, podem ocorrer erros de digitação, impressão ou dúvida conceitual. Em qualquer das hipóteses, solicitamos a comunicação ao nosso Serviço de Atendimento ao Cliente, para que possamos esclarecer ou encaminhar a questão.

Nem a editora nem o autor assumem qualquer responsabilidade por eventuais danos ou perdas a pessoas ou bens, originados do uso desta publicação.

CIP-Brasil. Catalogação na Publicação
Sindicato Nacional dos Editores de Livros, RJ

S419p Schumacher, Cristina, 1965-
Portuguese: one minute an hour: key to pronunciation, vocabulary traps, basic grammar and culture tips / Cristina Schumacher, Larissa Bauermann Ramos. – 1. ed. – Rio de Janeiro : Elsevier, 2014.
24 cm.

ISBN 978-85-352-7858-3

1. Língua portuguesa – Pronúncia. 2. Língua portuguesa – Gramática. I. Ramos, Larissa Bauermann. II. Título.

14-11919 CDD: 469.8
CDU: 811.134.3

SOBRE AS AUTORAS
ABOUT THE AUTHORS

CRISTINA SCHUMACHER

Autora consagrada e pioneira no segmento de autoensino de idiomas, com mais de 20 títulos publicados e proficiente em vários idiomas – a brasileira Cristina A. Schumacher é, além de escritora, tradutora, consultora e coach.

A Consecrated Brazilian author who has pioneered the self-learning language segment in Brazil, Cristina A. Schumacher has published over 20 titles. She is proficient in several languages and is a translator, consultant and coach.

LARISSA RAMOS

Larissa é bacharel em Letras pela Universidade Federal do Rio Grande do Sul e trabalha como tradutora de inglês e português. Possui experiência com pesquisa linguística na universidade.

Larissa has a bachelor's degree in Languages from the Federal University of the State of Rio Grande do Sul, and works as a translator of English and Portuguese. Larissa has experience with linguistic research.

SUMÁRIO
TABLE OF CONTENTS

SUMÁRIO DAS DICAS DE CULTURA
CULTURE TIPS – TABLE OF CONTENTS

INTRODUÇÃO

Caro(a) leitor(a),

Você tem em suas mãos um livro que vai ajudá-lo a entender usos cotidianos do português brasileiro. Não é um *phrase book* – há muitos livros assim por aí. Trata-se de um manual de consulta rápida e simplificada sobre diversos padrões básicos do idioma, os quais você pode começar a identificar e decodificar.

Para facilitar a memorização e a aprendizagem, muitos dos tópicos no livro foram concebidos a partir de contrastes com o idioma inglês. Partindo do inglês, e sendo esse idioma familiar para você, a identificação de padrões diferentes ou contrastantes é facilitada. O enfoque em contrastes e diferenças também permite uma abordagem direta daquilo que representa uma confusão em potencial para quem quer entender português e fazer usos básicos dessa língua.

Fazendo jus ao seu título, *Português: um minuto por hora* foi concebido em forma de pílulas, ou tópicos breves. Explora aspectos de pronúncia – o valor das letras em português e como diferem do inglês; vocabulário – a construção das palavras e significados que podem se confundir com palavras inglesas; e estrutura – genericamente tratando da organização das palavras nas frases sempre com exemplos contendo usos que você poderia usar. Além disso, ao longo de todo o livro você vai encontrar dicas de cultura úteis.

Com as dicas de pronúncia você aprende a pronunciar, claro, mas sobretudo *aprende a ouvir melhor, pois só entendemos aqueles sons que conseguimos produzir. Então, repita as dicas de pronúncia em voz alta!*

De modo geral, a pronúncia em português tende a ser mais regular do que em inglês. Isso é uma vantagem, pois você pode saber ler mais palavras e não precisa conferir como se diz essa ou aquela palavra a cada vez. O mais importante, na pronúncia, é acostumar-se com

INTRODUCTION

Dear reader,

You have in your hands a book that will help you understand the daily use of Brazilian Portuguese. It's not a phrase book – there are lots of such books around. It's a quick and simple search manual about different basic patterns of the language, which you can start to identify and decode.

To facilitate memorization and learning, many of the book topics were conceived from contrasts with the English language. Starting from English, and this being a familiar language to you, the identification of different or contrasting patterns is facilitated. The focus on contrasts and differences also enables a direct approach to that which represents a potential confusion for those who wish to understand Portuguese and make basic uses of this language.

Doing justice to its title, "Portuguese: one minute an hour" was conceived in the form of pills, or brief topics. It explores aspects of pronunciation – the value of letters in Portuguese and how they differ from English; vocabulary – the formation of words and meanings that can be confounded with English words; and structure – dealing generically with the organization of words into simple sentences always followed by examples that you would potentially use. Additionally, throughout the book you will find useful culture tips.

With the pronunciation tips you learn how to pronounce, of course, but mainly you learn to listen better, because we can only understand those sounds we are able to produce. So, please, repeat the pronunciation tips out loud!

Generally, pronunciation in Portuguese tends to be more regular than in English. This is an advantage, since you can know how to pronounce more words and don't need to check how to say this or that particular word each time. Most importantly, in pronunciation, is to get used to the different sound value of many letters. Anyway, in many cases we provide between / / what would be the equivalent word reading if it was read in English – to obtain its sound in Portuguese. Since

o valor sonoro diferente de muitas letras. De qualquer forma, em vários casos fornecemos entre / / o que seria o equivalente da leitura da palavra se fosse lida em inglês – para obter o seu som em português. Como inglês e português são sistemas de sons que são muito diferentes entre si, vale lembrar que essas representações entre barras são muitas vezes apenas uma aproximação.

Ao final de cada pílula de pronúncia existem frases contendo várias ocorrências do mesmo som. Por causa da preocupação com repetir o som em palavras que o contém, essas frases não são muito lógicas, mas sim instrumentais e usadas, na verdade, para praticar.

Com as dicas de vocabulário você evita armadilhas por causa de palavras semelhantes com outro sentido. Também pode estabelecer relações entre palavras com formação similar em inglês e assim descobrir que sabe muito mais palavras em português do que imagina.

Cada pílula tem um título, a explicação a respeito do tema nela explorado, seus usos, exemplos e com frequência exercícios (quando o assunto assim permite).

Em aproximadamente um minuto, portanto, cada pílula pode ser lida e compreendida. Os exercícios simples complementam a explicação da pílula e o leitor pode passar a observar o que a pílula explica ou introduz em seus contatos com o idioma – seja falado, escrito, ouvido ou lido. É uma leitura útil do início ao fim que aborda usos comuns, cotidianos, para a comunicação do dia a dia. Prática e fluente, deixa os detalhes do português (e não são poucos!) para quem quer se aprofundar no assunto, com obras e enfoques adicionais.

Nomes e menções a aspectos gramaticais só aparecem quando é mais complicado explicá-los do que empregá-los. De modo geral, para entender do que tratam as pílulas basta lê-las, sem necessitar "entender de gramática".

A exemplo desta introdução, o livro é integralmente bilíngue. O leitor pode, inclusive, observar equivalências de termos linha a linha.

Algumas vezes sacrificamos a naturalidade absoluta do texto para proporcionar ao leitor a chance de identificar as palavras em inglês e em português a cada parágrafo. Ou seja, nos mantivemos tão literais quanto ambas as línguas nos permitiram ser, para que tudo no livro seja comparável e identificável.

Dito isso, é importante lembrar que este material não é um livro texto para aprender português brasileiro. É, sim, uma coleção de dicas linguísticas práticas e relevantes. Deve ser usado para auxiliar no reconhecimento de usos da língua e para esclarecimentos pontuais para melhorar os contatos diários com o idioma durante a estadia no Brasil.

Esta obra foi desenvolvida para proporcionar uma decodificação e uma compreensão funcional e rápida da língua em um minuto a cada hora, se assim desejarmos.

Para tirar o melhor deste material, aconselhamos reler cada tópico em momentos diferentes com vistas a a familiarizar-se com essas importantes peças do quebra-cabeças do idioma falado no Brasil e memorizá-las.

As frases e palavras em português que são exemplos fornecidos em cada pílula constam nos arquivos de audio que você pode obter através do link www.elsevier.com.br/9788535278583

English and Portuguese are sound systems that are so different from each other, it's worth reminding you that these representations between slashes are often only an approximation.

At the end of each pronunciation pill there are sentences with many occurrences of the same sound. Because of the concern with repeating the sound in words that have it, these sentences are not very logical but instrumental, for practicing, really.

With the vocabulary tips you avoid traps on account of similar words with different meanings. You can also establish relations between words with similar formation in English and thus find that you know many more words in Portuguese than you imagine you do.

Each pill has a title, an explanation regarding the topic explored in it, then uses, examples, and often exercises (when the subject so allows).

Therefore, in approximately one minute, each pill can be read and understood. Simple exercises complement the pill explanation and the reader can begin to observe that which the pill explains or introduces in his or her contacts with the language – whether spoken, written, written, heard or read. or read. They are very useful pieces of information that address common, routine language uses for everyday communication. Practical and fluent, this book leaves the details of Portuguese (and they aren't few!) for those who want to know more, with the use of additional materials and approaches.

Names and mention to grammatical aspects only appear when it is more complicated to explain them than to employ them. Generally, to understand what the pills are about it is enough to read them, without the need to "understand grammar".

Just like this introduction, the book is completely bilingual. The reader can even sometimes observe line by line equivalence of terms.

Sometimes we go as far as to sacrifice full text naturalness to provide the reader with a chance of identifying the words in English and Portuguese in each paragraph. In other words, we have kept as literal as these two languages allowed us to be, so that everything in the book is comparable and identifiable.

With that said, it is important to keep in mind that this material in not a textbook to learn Brazilian Portuguese. It is rather a collection of practical and relevant language tips. It should be used to assist in the recognition of language uses and for specific clarification to improve everyday contacts with the language during your stay in Brazil.

This work was developed to provide functional, quick language decoding and understanding one minute each hour, if we so desire.

To get the best out of this material, we advise you to reread each topic a couple of times at different moments in order to become familiar/memorize such important pieces of the Brazilian Portuguese language puzzle.

The words and sentences in Portuguese which are the examples given in each pill can be found in the audio files that can be downloaded from www.elsevier.com.br/9788535278583

EXPRESSÕES ÚTEIS
USEFUL PHRASES

PORTUGUÊS	PRONÚNCIA *PRONUNCIATION*	ENGLISH
Olá!	Ol-lah	*Hello!*
Oi!	Oh-ee	*Hi!*
Obrigado (dito por homens)	ohbreegahdoo	*Thank you (said by men)*
Obrigada (dito por mulheres)	ohbreegahdah	*Thank you (said by women)*
Não, obrigado Não, obrigada	Nuh-oo, ohbreegahdoo Nuh-oo, ohbreegahdah	*No, thank you*
Por favor	Pohr fahvolr	*Please*
Com licença	Cong leecehngsah	*Excuse me*
Prazer	prahzehr	*Pleased to meet you*
Desculpe	Dehscoo-oopee	*Sorry*
Bom dia	Bong djeeah	*Good morning*
Boa tarde	Bohah tahrdjee	*Good afternoon*
Boa noite	Bohah noeetchee	*Good evening/good night*
Tchau	Tchah-oo	*Goodbye*

PÍLULAS DE PRONÚNCIA
PRONUNCIATION PILLS

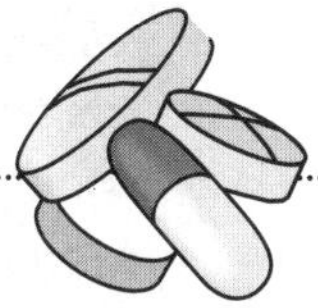

Praticamente todos os tópicos têm algumas frases construídas *para fazer você praticar a ocorrência repetida de um dado som* – a maioria não tem sentido!

Practically every topic has a few sentences* built to make you practice the repeated occurence of a given sound – *most of them make no sense!

Vogais e sílabas | *Vowels and syllables*

Diferentemente do inglês, todas as vogais em português são pronunciadas.	*Unlike English, all vowels in Portuguese are pronounced.*
Onde há uma vogal, há uma sílaba.	*Where there is a vowel, there is a syllable.*
Compare palavras similares em inglês e português e a separação das sílabas em ambas as línguas.	*Compare similar words in English and Portuguese and the separation of syllables in both languages.*

PORTUGUÊS	*ENGLISH*
tem.pe.ra.tu.ra	*tem.per.a.ture*
ve.ge.tal	*veg.e.ta.ble*
ge.ne.ral	*gen.er.al*
fes.ti.val	*fes.ti.val*
Eu.ro.pa	*Eu.rope*
pe.río.do	*pe.ri.od*
di.fe.ren.te	*dif.fer.ent*
den.tis.ta	*den.tist*
pro.fis.sio.nal	*pro.fes.sion.al*
mis.té.rio	*mys.ter.y*
pla.ne.ta	*plan.et*
a.me.ri.ca.no	*A.mer.i.can*
di.vor.cia.do	*di.vorced*
e.le.va.dor	*el.e.va.tor*

Entonação | *Intonation*

Quando a palavra possui um acento gráfico, a sílaba com o acento será sempre a tônica.

When a word has an accent mark, the syllable with the mark will always be the stressed one.

ATENÇÃO! Algumas palavras semelhantes não possuem a mesma sílaba tônica nas duas línguas. Observe o sublinhado.

CAREFUL! *Some similar words do not have the same stressed syllable in both languages. Notice the underline.*

PORTUGUÊS	*ENGLISH*
temperatura	*temperature*
vegetal	*vegetable*
general	*general*
festival	*festival*
Europa	*Europe*
período	*period*
diferente	*different*
dentista	*dentist*
profissional	*professional*
mistério	*mystery*
planeta	*planet*
americano	*American*
divorciado	*divorced*
elevador	*elevator*
A entonação pode diferenciar as funções e significados das palavras.	*Intonation can differentiate word functions and meanings.*
sabia (verbo)	*sabia (verb) – I knew; he/she/it knew*
sábia (adjetivo)	*sábia (adjective) – wise (female)*
sabiá (substantivo)	*sabiá (noun) – thrush bird*
para (preposição ou verbo)	*para (preposition or verb) – for or stop!*
Pará (substantivo)	*Pará (noun) – name of a Brazilian state*

TRAVA-LÍNGUAS | *TONGUE-TWISTERS*

A temperatura na Europa é diferente neste periodo.
O mistério do planeta vegetal.
Um americano divorciado no elevador.
Festival para o dentista profissional.

The temperature in Europe is different in this period.
The mystery of the vegetal planet.
A divorced American in the elevator.
A festival for professional dentists

A e Ã	***A and Ã***
O A sem acento gráfico corresponde em muitos casos ao /a/ em inglês em palavras como "mark".	*A without an accent mark corresponds in many cases to /a/ in English in words like mark.*
O Ã corresponde ao som /uh/ em "run" e "numb".	*Ã corresponds to the sound /uh/ in run and numb.*
A soa como ã antes de nh, n e m e no fim das palavras quando não é a sílaba forte.	*A sounds like /uh/ before nh, n and m and in the end of words when it is not in the strong syllable.*

achar /ah-shahr/ *to find* , 20, 22

marca /mar-kuh/ *mark* , 20
lua /loo-uh/ *moon*
carro /cahhuh/ *car* , 33
palavra /pahlahvruh/ *word*

maçã /mah-ssuh/ *apple*
lã /luh/ *wool*
avelã /ahveh-luh/ *hazel nut*
anã /ah-nuh/ *dwarf (feminine)*

trama /truh-muh/ *plot*
banana /bahnuhnuh/ *banana*
cama /kah-muh/ *bed*
drama /druh-muh/
estranho /eestruh-ng-oo/ strange , 31
banheiro /buh-ng-ay-roo/ *bathroom*

TRAVA-LÍNGUAS	***TONGUE-TWISTERS***
A Marta sabe a letra da música?	*Does Marta know the song lyrics?*
A maçã anã parece de lã.	*The dwarf apple looks like it's made of wool.*
Que drama essa trama estranha!	*Such a drama (in) this strange plot!*

ESCADA ROLANTE

As pessoas não têm o costume de fazer uma fila de um lado da escada rolante para deixar os outros passarem. Não é comum correr na escada rolante.

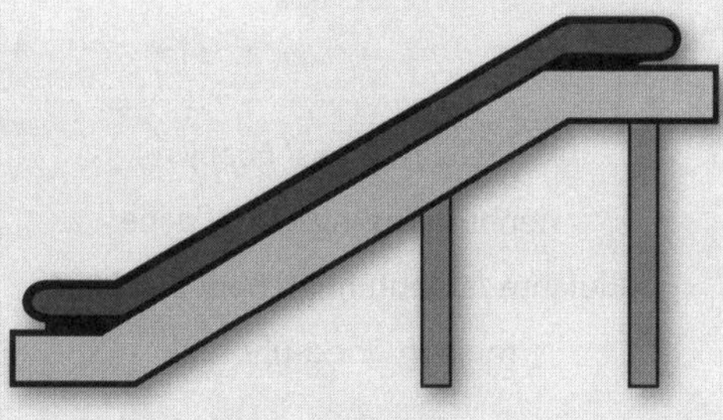

ESCALATOR

People don't usually stand in line on one side of the escalator to let others pass. It's not common to run on escalators.

E e É

A letra E pode ser pronunciada de duas formas, "fechada" ou "aberta".

A pronúncia "fechada" corresponde a E em "payment" e em "pen", por exemplo.

A pronúncia "aberta" corresponde à primeira vogal em "very" e "ferry", por exemplo.

Sempre que tiver o acento gráfico será "aberta", como em "é", mas não precisa ter o acento para ser pronunciado assim.

, 31

E and É

The letter E can be pronounced in two ways, either "closed" or "open".

The "closed" pronunciation corresponds to E in ten and pen, for instance.

The "open" pronunciation corresponds to E in very and ferry, for example.

Whenever there is the accent mark ´, it will be "open", as in "é" – (it) is, but it does not need to have the accent mark to be pronounced like this.

, 31

feliz /fehlees/ *happy*
nenhum /ne-ng-oong/ *none*
elefante /ehlehfuhngtchee/ *elephant*
meia /mehee-uh/ *sock*

neve /nevee/ *snow*
perto /pertoo/ *near*
maré /mahre/ *tide*
fé /fe/ *faith*

TRAVA-LÍNGUAS

A cadeira bem leve.

O teto tem desenho de semente de café.

A fé dos crentes na sé.

TONGUE-TWISTERS

The very light chair.

The ceiling has a coffee seed pattern.

The believers' faith in the main cathedral.

O e Ó	***O and Ó***
A letra O pode ser pronunciada de duas formas, uma "fechada" e uma "aberta".	*The letter O can be pronounced in two ways, one "closed" and one "open".*
Sempre que tiver o acento gráfico "ó" será "aberta", mas não precisa ter o acento para ser pronunciado assim.	*Whenever it has the accent mark "ó", it will be "open", but it does not need to have the mark to be pronounced this way.*
A pronúncia "aberta" corresponde a "o" em "lock" e "more", por exemplo.	*The "open" pronunciation corresponds to "o" in "lock" and "more", for example.*
A pronúncia "fechada" não existe em inglês. O mais próximo que chega é o som de "o" em "on".	*Its "closed" pronunciation does not exist in English. The closest it gets is the sound of "o" in "on".*
A diferença entre esses dois sons é muito importante e diferencia palavras.	*The difference between these two sounds is very important and differentiates words.*

pode – 3ª pessoa presente /paw-gee/ S/He can
pôde – 3ª pessoa passado /poh-gee/ S/He could

molho – verbo molhar 1ª pessoa presente /maw lloo/ , 26 I water (plants)
molho – substantivo /moh lloo/ sauce

rolo – verbo rolar 1ª pessoa presente /raw loo/ I roll
rolo – substantivo /roh loo/ reel

olho – 1ª pessoa presente /aw lloo/ I look
olho – substantivo /oh lloo/ eye

fofo /fofoo/ *fluffy*
oco /ohkoo/ *hollow*
Roma /homah/ *Rome*
comida /komeeduh/ *food*
torcida /torceeduh/ *cheering party (a team's supporters)*
formiga /formeeguh/ *ant*
lorota /lorawtuh/ *lie*
pão de ló /puh-oo de law/ *type of cake*
nó /naw/ *knot*
lógica lawgeeka / *logic* , 25

TRAVA-LÍNGUAS	***TONGUE-TWISTERS***
Esse toco oco tem formiga.	*This hollow log has ants.*
Óculos com foco.	*Glasses with focus.*
Relógio novo.	*New clock.*

ÃO e ÃE	***ÃO e ÃE***
O "ão" /uh-ooh/ e o "ãe" /uh-eeh/ são sons nasais. Significa que o ar sai pelo nariz ao pronunciar o som.	*/ão/ and /ãe/ area nasal sounds. It means that the air comes out of the nose when pronouncing the sound.*
Muitas palavras masculinas no singular que descrevem a versão "maior" daquilo que representam geralmente terminam em ÃO. O plural de ÃO é ÕES. Ex: carro, carrão, carrões; pé, pezão, pezões.	*Many masculine words in the singular describing a "bigger" version of that which they represent usually end in ÃO. The plural of ÃO is ÕES.* *Ex: car, big car, big cars; foot, big foot, big feet*
Nem todas as palavras que terminam em ão(s)/ãe(s) serão a versão maior de alguma coisa.	*Not all the words that end in ão(s)/ãe(s) will be a bigger version of something.*

pão, pães /puh-oo/ /puh-ees/ *bread*

portão, portões /pohr-tuh-oo/ /pohr-toh-ees/ *gate* , 20

mão, mãos /muh-oo/ /muh-oos/ *hand*

balão, balões /bah-luh-oo/ /bah-luh-oos/ *baloon*

anão, anões /ah-nuh-oo/ /ahnoh-ees/ *dwarf*

garrafão, garrafões /gahrrafuh-oo/ /gahrrafoh-ees/ *bottle*

avião, aviões /avee-tuh-oo/ /avee-oh-ees/ *airplane*

carro, carrão, carrões /kahhooh/ /kahhuh-oo/ /kahhoh-ees/ *car*

livro, livrão, livrões /leevrooh/ /leevruh-oo/ /leevroh-ees/ *book*

relógio, relojão, relojões /relaw-gee-ooh/ /re-loh-juh-oo/ /re-loh-joh-ees/ *clock* , 25

mãe /muh-eeh/ *mother*

São Paulo /suh-oo pahooloh/

TRAVA-LÍNGUAS	***TONGUE-TWISTERS***
O carrão na frente do portão carregava sabão.	*The big car in front of the gate carried soap.*
A mão da mãe amassa o pão.	*Mother's hand kneads the bread dough.*
Há caminhões aos montões.	*There are loads of trucks.*
O gostosão do salão deu um escorregão e um pisão no ancião.	*The handsome man in the hall slipped and stepped on the old man.*

CONGESTIONAMENTO

Em grandes cidades como São Paulo, o congestionamento pode ser um problema, especialmente quando chove. Leve isso em consideração quando agendar um compromisso.

TRAFFIC JAMS

In big cities like São Paulo, traffic jams can be a problem, specially when it rains. Take this into consideration when you set an appointment.

I	*I*
Sempre tem a mesma pronúncia: /i/.	*It always sounds the same: /ee/.*

Ilha /eehllah/ *island*

primavera /preehmahvehrah/ *spring*

praia /praeehah/ *beach*

brilho /breehlleeoo/ *shine*

rápido /rahpeehdooh/ *fast*

ri /reeh/ *s/he laughs*

mini /meehneeh/ *small*

TRAVA-LÍNGUAS	***TONGUE-TWISTERS***
Fiz pirão.	*I made pirão (Brazilian dish made of fish stew and cassava flour).*
Ari fez xixi ali.	*Ari peed there.*
Xiii, o siri fez harakiri.	*Oh, the crab committed harakiri.*

U	***U***
Sempre tem a mesma pronúncia: /u/.	*It always sounds the same: /oo/.*

luto /loohtoo/ *mourning* 6o✓, 33

bruto /broohtoo/ *brute* 6o✓, 20

prometeu /prohmehteh-ooh/ *s/he promised*

destruiu /dehstrooeeooh/ *destroyed*

mundo /moohndoo/ *world*

tudo /toohdoo/ *all*

puro /poohroo/ *pure*

TRAVA-LÍNGUAS	***TONGUE-TWISTERS***
O urubu gosta de suco de cajú.	*The vulture likes cashew juice.*
O tatu pula no bambu.	*The armadillo jumps on the bamboo.*

SINAIS COM AS MÃOS

O sinal de OK formando um círculo com os dedos corresponde a mostrar o dedo do meio no Brasil (os dois sinais são ofensivos). Um sinal usado para dizer OK é o polegar para cima.

HAND SIGNS

The OK sign making a circle with the fingers corresponds to giving the middle finger in Brazil (both signs are offensive). A sign used to say OK is the thumb up.

Duas vogais juntas – som "cresce"

Two vowels together – sound "goes up"

Quando há "semivogal + vogal" numa mesma sílaba essa combinação de sons "cresce".

When there is a "semivowel + vowel" in the same syllable this combination of sounds "goes up" (ascends).

Os sons que podem ser semivogais são o /ee/ e o /uu/, ou seja, os sons que as letras I, U, E e O podem representar.

The sounds that can be semivowels are /ee/ and /oo/, i.e, the sounds the letters I, U, E and O can represent.

pediu /pehdjeeooh/ *s/he asked*

mediu /mehdjeeooh/ *s/he measured*

água /ahgooah/ *water*

aquarela /ahkwahreluh/ *watercolor*

ausência /ahoozenseeah/ *absence*

gênio /gehneeooh/ *genius/genie* 👓, 25

história /ees-taw-reeah/ *history* 👓, 20

quanto /kwangtoo/ *how much*

pinguim /peeng-gooeeng/ *penguin*

TRAVA-LÍNGUAS

TONGUE-TWISTERS

Quanta água!

So much water!

Essa série é da Lúcia.

This series is Lúcia's.

A história do gênio da inocência.

The innocence genie story.

Duas vogais juntas – som "decresce"

Two vowels together – sound "goes down"

Quando há "vogal + semivogal" numa mesma sílaba temos um som que "decresce".

When there is a "vowel + semivowel" in the same syllable we have a sound that "goes down".

Os sons que podem ser semivogais são o /ee/ e o /uu/, ou seja, os sons que as letras I, U, E e O podem representar.

The sounds that can be semivowels are /ee/ and /oo/, i.e., the sounds the letters I, U, E and O can represent.

Raiva /hhaheevuh/ *anger*

cai /cah-ee/ *I fell*

cacau /cah-cah-oo/ *cocoa*

cãibra /cah-een-brah/ *cramps*

meu /meh-oo/ *my/mine*

rei /hheh-ee/ *king*

auto /ah-oo-toh/

oito /oh-ee-toh/ *eight*

TRAVA-LÍNGUAS

TONGUE-TWISTERS

Meu rei tem raiva.

Oito autos com cacau.

My king is in anger.

Eight cars with cocoa.

M e N	***M and N***
Quando M ou N terminam uma sílaba ou palavra, pronunciamos apenas um som nasal, sem encostar os lábios. É semelhante a /ng/ em palavras como "long" e "eating".	*When an M or an N end a syllable or a word, we pronounce only a nasal sound, without touching the lips. It is similar to /ng/ in words like "long" and "eating".*

levam / lehvuh-ng/ *they take*

bom /bong/ *good*

também /tuhng-beh-eeng/ *too*

fórum /faw-roong/

pólen /paw-leng/ *pollen*

hífen /eefeh-ng/

TRAVA-LÍNGUAS	***TONGUE-TWISTERS***
Também tem sem.	*There is also without.*
Acertaram bem.	*They got it right.*

DIZENDO NÃO

Os brasileiros não gostam de dizer “não” abertamente. Por isso podem acabar dizendo “sim” quando querem dizer “não” ou continuar o "não" com uma explicação detalhada do motivo. Da mesma forma, a pessoa pode esperar uma explicação de você se você disser “não”.

SAYING NO

Brazilians don’t like to say “no” openly. Thus, they may end up saying “yes“ when they mean “no” or extend a “no” with a detailed explanation of the reason. Likewise, the person may expect an explanation from you if you say “no”.

P, B, T, D, K, G, /TCH/ e /DJ/

P, B, T, D, K, G, /TCH/ and /DJ/

Existem alguns sons de consoante em inglês que são "explodidos". Em português, esses sons são pronunciados sem tensão, de forma relaxada.

There are some consonant sounds in English that are "exploded". In Portuguese these sounds are pronounced with no tension, in a relaxed way.

Essa diferença é um componente importante do sotaque – ou da falta dele.

This difference is an important component of one's accent – or of its absence.

Os sons são:
/p/, /b/, /t/, /d/, /k/, /g/, /tch/ e /dj/

The sounds are:
/p/, /b/, /t/, /d/, /k/, /g/, /tch/ and /dj/

pato /pahtoo/ *duck*

bola /baw-lah/ *boll*

tatu /tah-tooh/ *armadillo*

dente /deng-tcheeh/ *tooth*

capacidade /cahpahceedahjeeh/ *capacity*

gola /gaw-lah/ *collar*

tempo /teng-poo/ *time*

temperatura /teng-peh-rah-tooh-rah/ *temperature*

bode /baw-jee/ *billy*

TRAVA-LÍNGUAS

TONGUE-TWISTERS

A capacidade de queda do cabelo com o tempo.

The capacity of hair loss over time.

A bola tem todas as temperaturas.

The ball has all temperatures.

W	***W***
A letra W não é muito usada, a não ser em nomes próprios e palavras estrangeiras. A pronúncia padrão é /v/ como em "very", mas em alguns nomes de origem inglesa a pronúncia original /ua/ é mantida.	*The letter W is not very common, except in some proper names and foreign words. The standard pronunciation is /v/ as in words like "very", but in some names of English origin the original /w/ pronunciation is maintained.*

Walter /vahootuhr/ 👓, 23

Wanda /vahngdah/

Waldo /vahoodoo/

Waldomiro /vahoodohmeeroo/

H	***H***
No início de palavra o H é sempre mudo.	*In the beginning of a word the H is always mute.*

hora /awrah/ *hour* , 20

honra /on-ha/ *honor*

homem /omeng/ *man* , 15

haver /ahver/ *to exist*

há /ah/ *(it) exists*

hotel /ohteh-oo/ *hotel*

hospital /ohspeetah-oo/ *hospital*

herói /eh-raw-ee/ *hero*

hábito /ahbeetoo/ *habit*

TRAVA-LÍNGUAS	***TONGUE-TWISTERS***
Há heróis na história.	*There are heroes in History.*
Homem hábil e horrível.	*Skilled and horrible man.*

R	*R*
Em português padrão a letra R tem duas pronúncias: "forte" e "fraca".	*In standard Portuguese the letter R has two pronunciations: "strong" and "weak".*
O R é forte no começo das palavras e quando dobrado (rr). Em todos os outros casos é fraco.	*The R is strong in the beginning of words and when doubled (rr). In all the other cases it is "weak".*
O R forte é parecido com o H do inglês em palavras como "hat", um som produzido na garganta. O R fraco possui algumas variantes pelo Brasil.	*The strong R é similar to H in English in words like "hat", a sound produced in the throat.* *The weak R has some variations throughout Brazil.*
A pronúncia considerada padrão é aquela produzida com a ponta da língua encostando rapidamente atrás dos dentes de cima.	*The pronunciation considered standard is the one produced with the tip of the tongue touching quickly behind the upper front teeth.*
No final das palavras, o R pode não ser pronunciado. É o caso dos verbos na forma infinitiva. , 136	*In the end of words, the R may not be pronounced. This is the case with verbs in the infinitive form.*

rato /hahtoo/ *rat*

barraca /bah-hah-cah/ *tent*

parte /pahr-tchee/ *part*

errado /eh-hah-doo/ *wrong*

normal /nohrmaoo/ *normal* , 23

razão /hah-zuh-oo/ *reason*

morar /moh-rar/ *to live*

TRAVA-LÍNGUAS	*TONGUE-TWISTERS*
O rato roeu a roupa do rei de Roma e a rainha de raiva roeu o resto.	*The rat gnawed the clothes of the king of Rome and the angry queen gnawed the rest.*
Rua rara.	*Rare street.*

(NÃO) FAZENDO CONVITES

Se alguém disser a você "Passa lá em casa um dia desses" ou "temos que nos ver de novo", mas não marcar um dia certo para isso, não apareça na casa da pessoa sem avisar, ela está só sendo simpática!

(NOT) MAKING INVITATIONS

If someone tells you "Come to my place some time soon" or "we have to see each other again", but doesn't set a specific date for this, don't show up at the person's house without notice – he/she was just being nice!

CH	*CH*
O CH tem sempre o mesmo som. Corresponde ao SH in inglês.	*CH has always the same sound. It corresponds to SH in English.*

bi<u>ch</u>o /beeshoo/ *animal*

mar<u>ch</u>ar /mahr-shar/ *to march*

chave /shah-vee/ *key*

fachada /fashah-duh/ *façade*

cachorro /cah-shoh-hoo/ *dog*

TRAVA-LÍNGUAS	*TONGUE-TWISTERS*
Acho o chá com cheiro de chuva.	*I think the tea smells like rain.*
O chamado de um chato.	*A boring person's calling.*

L	***L***
No meio das palavras e no começo das sílabas a letra L tem o mesmo som que em inglês. No fim das palavras e das sílabas o L é pronunciado como /u/.	*In the middle of words and in the beginning of syllables the letter L has the same sound as in English.* *In the end of words and syllables the L is pronounced as /oo/.*

Natal /nahtah-oo/ *Christmas*

plural /ploorah-oo/

gol /go-oo/ *goal (soccer)*

matagal /mah-tah-gah-oo/ *the woods*

jornal /johrnah-oo/ *newspaper*

fatal /fahtah-oo/

calçado /cah-oo-ssa-doo/ *shoe*

celta /ceh-oo-tah/ *Celtic*

envolver /ayng-vo-oo-vuhr/

TRAVA-LÍNGUAS	***TONGUE-TWISTERS***
O jornal no natal tinha um sinal.	*The Christmas's paper had a sign.*
Envolve o calçado no papel.	*Wrap the shoe in the paper.*

FUTEBOL E RIVALIDADE

Partidas de futebol entre times brasileiros podem ser bem perigosas por causa da rivalidade, especialmente entre times da mesma cidade. É melhor não ir ao estádio sozinho(a) e tomar cuidado em bares.

SOCCER AND RIVALRY

Soccer matches between Brazilian teams can be very rough because of team rivalry, specially between teams of the same city. It's better not to go alone to a stadium and be careful in bars.

G e J

A pronúncia da letra G varia de acordo com a vogal que o acompanha.

Antes de A, U e O, é pronunciada da mesma forma que as palavras inglesas "gap", "good" e "go", por exemplo.

A pronúncia da letra J é sempre como o segundo G em "gauge".

A letra G com os sons de vogais /e/ e /i/ tem o mesmo som de J (em português).

G and J

The pronunciation of the letter G varies according to the vowel that follows it.

With A, U e O, it is pronounced the same way as in the English words "gap", "good" and "go" for instance.

The pronunciation of the letter J is always like the second G in "gauge".

The letter G with the vowels sounds /e/ and /i/ has the same sound as J (in Portuguese).

garota /gahroh-tah/ *girl* , 20

ganso /gang-soh/ *goose*

gato /gah-too/ *cat*

guru /goo-roo/

gota /goh-tah/ *drop*

gelo /geloo/ *ice*

gemido /geh-meedoo/ *moan*

giro /geeroo/ *turn*

jacaré /jacah-reh/ *alligator*

jipe /jee-pee/ *jeep*

jeito /jeh-eetoo/ *way*

jogar /joh-gahr/ *to play*

junto /joong-too/ *together*

TRAVA-LÍNGUAS

O jeito de jogar do gato cor de gelo.

Um jacaré dirige um jipe.

TONGUE-TWISTERS

The way of playing of the ice colored cat.

An alligator drives a jeep.

LH	***LH***
O som do LH não existe em inglês, mas é muito similar a LL em palavras como "million" e "billion".	*The sound of LH does not exist in English, but it is very similar to LL in words like "million" and "billion".*

baralho /bah-rah-lloo/ *deck (of cards)*

bolha /boh-lluh/ *bubble*

rolha /roh-llah/ *cork*

julho /jooh-lloo/ *July* 👓, 25

milhão /meeh-lluh-oo/ *million*

bilhão /beeh-lluh-oo/ *billion*

TRAVA-LÍNGUAS	***TONGUE-TWISTERS***
Em julho colho milho na ilha.	*In July I harvest corn on yhe island.*
A calha molha o velho cavalheiro.	*The gutter pipe wets the old gentleman.*

NH	***NH***
É um som nasal. O ar sai pelo nariz quando ele é pronunciado.É parecido com o /ng/ do inglês, porém o NH nunca ocorre como som final, uma vez que ele inicia sílabas.	*It is a nasal sound. The air comes out of the nose when it is pronounced.It is similar to /ng/ in English, but NH never happens as a final sound because it only occurs in the beginning of a syllable.*

estranho /eestrang-oo/ *strange*

ganhar /gang-ahr/ *to win*

banho /buhng-oo/ *bath*

fanho /fuhng-oo/ *twangy*

mesinha /mehzeeng-ah/ *small table*

menininho /mehneeneeng-oo/ *little boy*

TRAVA-LÍNGUAS	***TONGUE-TWISTERS***
Estranho ver o menininho tomar banho. O tamanho do passarinho no ninho é pequenininho.	It's weird to see the little boy taking a shower. The size of bird in the nest is tiny.

ATRASOS E SERIEDADE

Uma reunião pode atrasar alguns minutos para começar, um pagamento pode atrasar alguns dias... Existe uma grande tolerância, mas não quer dizer que as coisas não são levadas a sério!

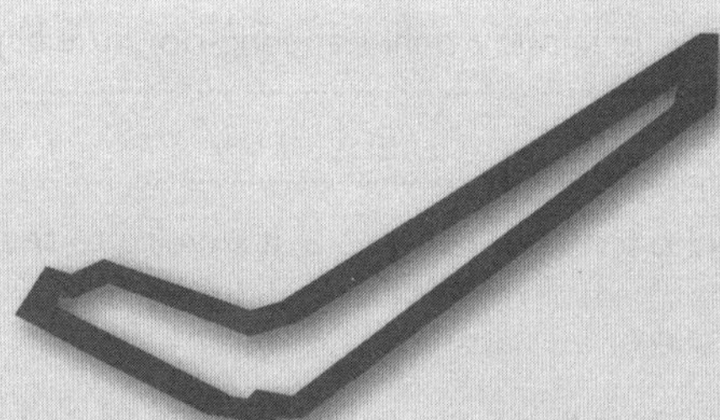

DELAYS AND EARNESTNESS

A meeting may begin with a few minutes delay, a payment may be delayed for a couple of days... There is a lot of tolerance, but this doesn't mean things are not taken seriously!

X	*X*
A letra X pode ser pronunciada de formas diferentes, dependendo da palavra em que aparece:	*The letter X can be pronounced in different ways, depending on the word in which it appears:*
Pode corresponder a SH em inglês: xícara, mexer.	*It can correspond to SH in English: cup, to stir.*
Pode ter som de /ks/: táxi, sexo.	*It can sound as /ks: taxi, sex.*
Pode ter som de /s/: exercício, êxito.	*It can sound as /s: exercise, success.*

táxi /tahksi/ *taxi*

excelente /ehsselehng-tchee/ *excellent*

experiente /espehree-uhntchee/ *experienced*

xícara /sheecahrah/ *cup*

deixar /deh-ee-shahr/ *to let*

lixo /leeshoo/ *garbage*

xadrez /shahdrehs/ *chess*

luxo /looshoo/ *luxury*

bruxa /brooshah/ *witch*

TRAVA-LÍNGUAS	*TONGUE-TWISTERS*
A bruxa puxa o luxo do lixo.	*The witch pulls luxury out of the trash.*
O excelente exercício de xadrez.	*The excellent chess exercise.*

CAIPIRINHA

A bebida mais famosa do Brasil, a capirinha, é uma mistura de cachaça, limão e açúcar. É bastante doce, mas não se engane – é uma bebida forte! Evite tomá-la com o estômago vazio.

CAIPIRINHA

Brazil's most famous drink, caipirinha, is a mixture of cachaça (sugar cane spirit), lemon and sugar. It's very sweet, but don't be fooled – it is a very strong drink! Avoid drinking it with an empty stomach.

E soa como /i/

Muitas vezes a letra E soa como /ee/ quando não é forte.

Naturalmente, se a palavra é falada de forma pausada, esse efeito não ocorre.

60, 96

E sounds like /ee/

Many times the letter E sounds as /ee/ when it is not stressed.

Naturally, if the word is spoken in a paused manner this effect doesn't occur.

60, 96

gente /gehngtchee/ *people* 60, 25

pode /paw-djee/ *s/he can*

diferente /djeefehrehntchee/ *different*

telefone /teh-leh-fou-nee/ *telephone*

aparentemente /ahpahrengtcheemengtchee/ *apparently*

estranho /eestrang-oo/ *strange*

escola /esscawlah/ *school*

embarcar /engbahrcahr/ *to board*

TRAVA-LÍNGUAS

Uma escola aparentemente diferente.

Demente e impertinente.

TONGUE-TWISTERS

An apparently different school.

Demented and impertinent.

EMOÇÃO

Brasileiros podem ser considerados bem passionais e emotivos. Uma conversa empolgada é cheia de entusiasmo e ênfase, mas não de raiva ou falta de controle.

EMOTION

Brazilians can be considered very passionate and emotional. A heated conversation is full of enthusiasm and emphasis, but not anger or lack of control.

O soa como /u/

O sounds like /oo/

Muita vezes a letra O soa como /u/ quando não é forte.

Many times the letter O sounds as /oo/ when it is not stressed.

tudo /toodoo/ ***all***

cozinha /cohzeeng-ah/ ***kitchen***

boneca /bohnehcah, boonehcah/ ***doll***

bolo /bohloo/ ***cake***

tronco /trohngcoo/ ***log*** **, 15**

TRAVA-LÍNGUAS

TONGUE-TWISTERS

O livro novo sobre o cachorro.

The new book about the dog.

O osso fraco e oco.

The weak and hollow bone.

T e D

T and D

O /t/ e o /d/ antes do som de /i/ têm som de /tch/ e /dj/, respectivamente, na maioria dos sotaques do Brasil.

ATENÇÃO! Muitas vezes /e/ tem som de /i/ quando a sílaba não é forte.

/t/ and /d/ before sound of /ee/ sound like/tch/ and /j/, respectively, in most accents in Brazil.

CAREFUL! */e/ will often sound as /ee/ when the syllable it is in is not strong.*

tia /tcheeuh/ *aunt*

dia /jeeah/ *day*

interessante /eengtehrehssangtchee/ *interesting*

rapidinho /rhapeedjeeng-oo/ *real quick* , 15

pode /pawdjee/ *(he) can*

TRAVA-LÍNGUAS

TONGUE-TWISTERS

A tia podia ser profundamente interessante.

Um tigre tipo tinta.

The aunt could be deeply interesting.

A paint type tiger.

QU	***QU***
A pronúncia do QU muda de acordo com a vogal que o segue.	*The pronunciation of QU changes according to the vowel that follows it.*
Com a letra A é sempre /kuá/ como no inglês "quack": qualidade, quase.	*With the letter A it is always /kwa/ as in the English word "quack": quality, almost.*
Com as letras E e I, QU soa como k: que, querido; aqui, quinto.	*With the letters E and I QU sounds as k: here, fifth.*
Em alguns casos o U é pronunciado. /kwe/: cinquenta, tranquilo.	*In some cases the U is pronounced: fifty, calm.*
Antigamente tínhamos o trema (¨) que mostrava essa diferença na escrita.	*Formerly, the accent mark (¨) was used to show this difference in writing.*

quase /kwazee/ *almost*

quando /kwangdoo/ *when*

quantidade /kwantcheedahdjee/ *quantity*

cinquenta /ceengkwengtah/ *fifty*

que /keh/

quem /keng/

quinze /keenzee/ *fifteen*

quimono /keemohnoo/ *kimono*

quintal /keengtah-oo/ *yard* , 23

TRAVA-LÍNGUAS	***TONGUE-TWISTERS***
Aqui tem quinze quimonos de qualidade.	Here there are fifteen quality kimonos.
Quem quer quebrar cinquenta quilos?	Who wants to break fifty kilos?

CONVERSAS

Brasileiros costumam conversar olhando nos olhos, usando as mãos, e ficando de perto. Não leve a mal, não há a intenção de ser desrespeitoso.

TALKS

Brazilians usually talk with eye contact, using their hands (gestures) and standing near. Don't get them wrong, there's no intention to be disrespectful.

Ç	*Ç*
A letra Ç (cê cedilha) tem som de /s/.	*The letter Ç (ceh cejeellah) sounds as /s/.*

palhaço /pahllasoo/ *clown*

açaí /ahsahee/ *açai*

louça /lowsah/ *china*

terminação /tehrmeenahsuh-oo/ *ending*

endereço /engdehrehsoo/ *address*

apresentação /ahprehzengtasuh-oo/ *presentation*

afirmação /ahfeehrmahsuh-oo/ *assertion*

negação /nehgahsuh-oo/ *denial*

TRAVA-LÍNGUAS	*TONGUE-TWISTERS*
A ação em preparação está em adaptação.	*The action in preparation is in adaptation.*
Aceitação sem distinção.	*Acceptance without distinction.*

PÍLULAS DE VOCABULÁRIO

VOCABULARY PILLS

O alfabeto	***The alphabet***
A	/ah/
B	/beh/
C	/ceh/
D	/deh/
E	/eh/
F	/efee/
G	/geh/
H	/agah/
I	/ee/
J	/jawtah/
K	/kah/
L	/ehlee/
M	/ehmee/
N	/enee/
O	/oh/
P	/peh/
Q	/keh/
R	/ehree/
S	/ehsee/
T	/teh/
U	/oo/
V	/veh/
X	/shees/
W	/dahbleeoo/
Y	/eepseelong/
Z	/zeh/

Números			*Numbers*		
1	um	/oong/	17	dezessete	/dehzehsatchee/
2	dois	/doees/	18	dezoito	/dehzoheetoo/
3	três	/trehs/	19	dezenove	/dehzehnawvee/
4	quatro	/kwatroo/	20	vinte	/veengtchee/
5	cinco	/ceenkoo/	21	vinte e um	/veengtchee ee ung/
6	seis	/sehees/	22	vinte e dois	/veengtchee ee dohees/
7	sete	/satchee/	30	trinta	/treengtah/
8	oito	/oheetoo/	33	trinta e três	/treengtah ee trehs/
9	nove	/nawvee/	40	quarenta	/kwarehngtah/
10	dez	/dehz/	45	quarenta e cinco	/kwarehngtah ee ceenkoo/
11	onze	/olnzee/	50	cinquenta	/ceenkwehngtah/
12	doze	/dolnzee/	60	sessenta	/sehssehngtah/
13	treze	/trehzee/	70	setenta	/sehtengtah/
14	quatorze/ catorze	/kwatohrzee/	80	oitenta	/olitengtah/
15	quinze	/keengzee/	90	noventa	/nohvehngtah/
16	dezesseis	/dehzehsehees/	100	cem	/ceng/
1000	mil	/meeoo/	**1001**	mil e um	/meeoo ee ung/

Dizendo as horas	***Telling the time***
Existem duas formas de dizer as horas, em 24 ou em 12 horas. É bastante comum referir-se aos horários da tarde e da noite dizendo 13, 14, 15 horas. Também podemos dizer 3 da manhã e 3 da tarde, para diferenciar um do outro. Temos uma divisão a menos no dia em português: manhã, tarde e noite. Entre a tarde e a noite pode-se dizer também "de tardezinha/à tardinha" ou "à noitinha".	*There are two ways of telling the time, with 24 or 12 hours. It's very common to refer to the afternoon and night times by saying 13, 14, 15 hours. We can also say 3 in the morning and 3 in the afternoon, to differentiate one from the other.* *We have one less day division in Portuguese:* manhã *(morning),* tarde *(afternoon/evening) and* noite *(evening/night). Between* tarde *and* noite *(which would be evening) we can also say* de tardezinha/à tardinha *("short" afternoon) or* à noitinha *("short" night).*
PORTUGUÊS	***ENGLISH***
Que horas são?	*What time is it?*
São 15 horas.	*It's 3 p.m.*
São seis e meia da tarde.	*It's half past six p.m.*
São oito e quinze da manhã.	*It's a quarter past eight a.m.*
São nove e quarenta e cinco da noite./ São quinze pras dez.	*It's a quarter to ten p.m.*
É meio-dia.	*It's noon/midday.*
É meia-noite.	*It's midnight.*

Ligue as colunas

Match the columns:

1. São cinco e quinze. a. ( ) 03:55
2. Faltam quinze pras sete. b. ( ) 12:00
3. São oito e meia. c. ( ) 05:15
4. São onze e vinte e dois. d. ( ) 06:09
5. São seis e nove da manhã. e. ( ) 11:22
6. É meio-dia. f. ( ) 08:30
7. Faltam cinco pras quatro. g. ( ) 18:00
8. São seis horas. h. ( ) 06:45

Key:
1) c: It's a quarter past five; 2) h: it's a quarter to seven; 3) f: it's half past eight; 4) e: It's eleven twenty-two; 5) d:It's six oh nine a.m.; 6) b: It's noon; 7) a: It's three fifty-five; 8) g: It's 6 o'clock.

Dias da semana	***Days of the week***
segunda-feira /sehgoongdah feh-eerah/	*Monday*
terça-feira /tehrssah feh-eerah/	*Tuesday*
quarta-feira /kwartah feh-eerah/	*Wednesday*
quinta-feira /keengtah feh-eerah/	*Thursday*
sexta-feira /sesstah feh-eerah/	*Friday*
sábado /saahbahdoo/	*Saturday*
domingo /dohmeengoo/	*Sunday*
fim de semana /feeng deh semuhnuh/	*Weekend*
ontem /olnteng/	*yesterday*
hoje /ohgee/	*today*
amanhã /ahmuhnguh/	*tomorrow*

Meses	***Months***
janeiro /jahneheeroo/	*January*
fevereiro /fehvehreheeroo/	*February*
março /mahrssoo/	*March*
abril /ahbreeoo/	*April*
maio /maheeoo/	*May*
junho /joongoo/	*June*
julho /joolleeoo/	*July*
agosto /ah gohstoo/	*August*
setembro /setengbroo/	*September*
outubro /ohtoobroo/	*October*
novembro /nohvehngbroo/	*November*
dezembro /dehzengbroo/	*December*

Palavras que em português não significam aquilo que sua grafia evoca em inglês

Words that in Portuguese do not mean that which their spelling evokes in English

ATENÇÃO! Para entender pequenas alterações em palavras abaixo como adjetivos ou verbos, veja as **Pílulas de Estrutura**.	***ATTENTION!*** *In order to understand small changes in words below like adjectives and verbs, see the* ***Structure Pills****.*

Agenda	***Agenda***
diary, calendar	–
A primeira coisa que faço todas as manhãs é conferir minha agenda.	*The first thing I do every morning is check my calendar.*
Os compromissos do dia incluem um almoço de negócios com o conselho de diretores.	*Today's agenda includes a business lunch with the board of directors.*

Arranjar	***Arrange***
get, obtain	–
Eu arranjei um novo emprego.	*I got a new job.*
Nós organizamos tudo para a festa surpresa.	*We've arranged everything for the surprise party.*

Arrastar	***Arrest***
drag	–
Bob estava tão bêbado que seus amigos tiveram de arrastá-lo para fora do bar.	*Bob was so drunk that his friends had to drag him out of the bar.*
O ladrão foi finalmente preso.	*The thief was finally arrested.*

Atender	***Attend***
answer (the phone)	–
Sempre deixe o telefone tocar três vezes antes de atender.	*Always let the phone ring three times before answering it.*
Quando você vem à escola é porque você quer assistir à sua aula.	*When you come to school it's because you want to attend your class.*

Balançar	***Balance***
swing	–
Até um galho pesado pode balançar com o vento.	*Even a heavy bough may swing with the wind.*
Em um ambiente junto à natureza uma pessoa estressada encontrará seu equilíbrio interno.	*In a natural setting a stressed person will find his or her inner balance.*

Casualidade	***Casualty***
(by) chance	–
Meu ex-marido e eu nos encontramos por casualidade no advogado hoje.	*My ex-husband and I met at the attorney's today by chance.*
Baixas de guerra são sempre lamentáveis.	*War casualties are always regretful.*

Clerical	***Clerical***
clergy/of the clergy	–
Membros clericais eram contra uma mudança nas regras da igreja.	*Clerical members were against a change in the rules of the church.*
A nova secretária deve ser boa em serviços de escritório.	*The new secretary should have good clerical skills.*

Colar	***Collar***
necklace	–
O belo colar de pérolas foi roubado ontem à noite.	*The beautiful pearl necklace was stolen last night.*
Há uma mancha de batom no colarinho de sua camisa.	*There's a lipstick stain on the collar of his shirt.*

Convicto	***Convict***
convinced	–
Estou convicto da existência de poderes sobrenaturais.	*I am convinced of the existence of supernatural powers.*
O presidiário da prisão estadual estava ameaçando matar os reféns.	*The state prison convict was threatening to kill the hostages.*

Costume	***Costume***
habit	–
No Brasil temos o costume de comer lentilhas no jantar do Ano-Novo.	*In Brazil we have the habit of eating lentils for dinner on New Year's Eve.*
O traje do gaúcho ainda é vestido na região do pampa.	*The gaucho costume is still worn in the pampa region.*

Desgosto	***Disgust***
disappointment, dissatisfaction	–
Ele causou tanto desgosto para seus pais que eles decidiram não lhe deixar nada.	*He was such a disappointment to his parents that they decided not to leave him anything.*
Ela não podia esconder sua repulsa ao pensar em casar-se com ele.	*She couldn't hide her disgust at the thought of marrying him.*

Diário	***Dairy***
daily	–
Temos reuniões diárias este mês.	*We have daily meetings this month.*
Manteiga e queijo são laticínios.	*Butter and cheese are dairy products.*

Enrolar	***Enroll***
wrap	–
Você pode enrolar a caixa em papel colorido para esconder as partes amassadas.	*You can wrap the box in colorful paper to hide its crumpled parts.*
Minha irmã matriculou-se em um curso de espanhol.	*My sister enrolled in a Spanish course.*

Esquisito	***Exquisite***
odd, strange	–
A casa parecia muito esquisita com cada janela pintada de uma cor diferente.	*The house looked very odd with each window painted a different color.*
Este champanhe é sofisticado!	*This champagne is exquisite!*

Eventualmente	***Eventually***
occasionally, at times	–
Eu encontrava Roger <u>eventualmente</u> quando íamos à mesma escola.	*I met Roger <u>occasionally</u> when we went to the same school.*
Todos irão <u>no final</u> compreender por que as coisas na vida são como são.	*Everyone will <u>eventually</u> understand why things in life are the way they are.*

Fábrica	***Fabric***
factory; plant	
O maquinário da <u>fábrica</u> é velho demais para ser atualizado.	*The <u>factory</u> machinery is too old to be upgraded.*
Este tipo de <u>tecido</u> nunca deveria ser lavado a seco.	*This kind of <u>fabric</u> should never be dry-cleaned.*

Faculdade	***Faculty***
college; hability	–
Costuma levar de 4 a 6 anos para se formar na <u>faculdade</u>.	*It usually takes from 4 to 6 years to graduate from <u>college</u>.*
(1) O homem é o único ser vivo dotado da <u>habilidade</u> de raciocínio.	*Man is the only living creature endowed with the <u>faculty</u> of reasoning.*
(2) Para unir-se ao <u>corpo docente</u> da universidade federal você tem de ter doutorado.	*To join the federal university <u>faculty</u> you have to have a PhD.*

Frase	***Phrase***
sentence	–
Uma frase é um conjunto de palavras que transmite um significado e termina com um ponto.	*A sentence is a sequence of words that convey a meaning and end with a period.*
"As such" é uma expressão que significa "como tal".	*"As such" is a phrase that means* "como tal".

Físico	***Physician***
physicist	–
Niels Bohr e Albert Einstein foram grandes físicos.	*Niels Bohr and Albert Einstein were great physicists.*
Meu chefe mandou-me para o médico da empresa depois que eu tive repetidos ataques de tosse.	*My boss sent me to the company physician after I had repeated fits of coughing.*

Idioma	***Idiom***
language	–
A língua portuguesa é fácil.	*The Portuguese language is easy.*
Expressões idiomáticas nunca podem ser traduzidas literalmente.	*Idioms can never be literally translated.*

Indígena	***Indigenous***
indian	–
Em artesanatos <u>indígenas</u> contemporâneos você pode encontrar traços do que costumavam ser grandes civilizações.	*In contemporary <u>Indian</u> handicrafts you may find traces of what used to be great civilizations.*
O papiro é <u>nativo</u> da região do rio Nilo.	*The papyrus is <u>indigenous</u> to the Nile River region.*

Ingênuo	***Ingenious***
naive	–
É <u>ingênuo</u> de sua parte pensar que eles não tinham estudado suas respostas antes da entrevista.	*It's naive of you to think they hadn't studied their answers before the interview.*
O <u>criativo</u> menino surpreendeu a todos com sua própria charada.	*The <u>ingenious</u> boy baffled everyone with his own riddle.*

Instantaneamente	***Instantly***
instantaneously	–
Quando você derrama a água fervente na xícara, o pó <u>instantaneamente</u> se torna chocolate quente.	*When you pour the boiling water into the cup, the powder <u>instantaneously</u> becomes hot chocolate.*
Ele compreendeu <u>imediatamente</u> o que fazer.	*He <u>instantly</u> understood what to do.*

Lanche	***Lunch***
snack	–
É sempre bom fazer um lanche entre refeições.	*It's always good to have a snack between meals.*
Eu vou ao banco na hora do almoço – é o único tempo disponível que tenho.	*I go to the bank at lunch time – it's the only available time I have.*

Leitura	***Lecture***
reading	–
A leitura de um bom livro pode ser revigorante.	*The reading of a good book can be invigorating.*
Ontem assisti a uma palestra sobre culinária extraterrestre.	*Yesterday I attended a lecture on extraterrestrial cuisine.*

Livraria	***Library***
bookstore	–
A nova livraria na esquina está dando de graça livros de segunda mão.	*The new bookstore around the corner is giving away second-hand books.*
Na biblioteca da universidade você certamente encontrará livros sobre esse assunto específico.	*At the university library you are sure to find books on this specific subject.*

Luxúria	***Luxury***
lust	–
A <u>luxúria</u> é um dos sete pecados mortais.	*<u>Lust</u> is one of the seven deadly sins.*
Na Idade Média os nobres viviam no <u>luxo</u> enquanto o povo morria de fome.	*In the Middle Ages nobles lived in <u>luxury</u> while the people starved.*

Particular	***Particular***
private	–
Alguns de seus alunos haviam contratado outras professoras particulares antes.	*Some of her students had hired other private teachers before.*
Minha mãe é sempre muito <u>exigente</u> com a colocação (dos pratos) da mesa.	*My mother is always very <u>particular</u> about setting the table.*

Polícia	***Policy***
police	–
Ele chamou a <u>polícia</u> quando ouviu o alarme.	*He called the <u>police</u> when he heard the alarm.*
Nossa empresa adotou uma nova <u>política</u> com relação à licença-maternidade.	*Our company adopted a new <u>policy</u> concerning maternity leave.*

Prejudicar	***Prejudice***
do harm	–
Os muitos anos de bebida prejudicaram muito a sua saúde.	*The many years of drinking did a lot of harm to his health.*
O preconceito prejudica muito a todos nesta sociedade.	*Prejudice does much harm to everyone in this society.*

Pretender	***Pretend***
intend	–
Pretendo fazer essa explicação parecer muito clara.	*I intend to make this explanation seem very clear.*
Eles fingiam dar-se bem.	*They pretended to get along well.*

Puxar	***Push***
pull	–
Algumas portas têm de ser puxadas para serem abertas.	*Some doors have to be pulled to be opened.*
Outras têm de ser empurradas. Está geralmente escrito perto do trinco.	*Others have to be pushed. It's usually written near the handle.*

Recordar	***Record***
recall	–
Ela recordou os tempos em que sua mãe ainda estava viva.	*She recalled the times when her mother was still alive.*
Eles registram cada reunião para ter o registro de tudo o que é dito.	*They record each meeting to keep track of everything that is said.*

Remarcar	***Remark***
raise prices	–
Os preços foram remarcados novamente no supermercado.	*Prices were raised again at the supermarket.*
Não podíamos ouvir os comentários deles sobre a mobília.	*We couldn't hear their remarks about the furniture.*

Resumir	***Resume***
summarize	–
O professor nos pediu para resumir o texto.	*The teacher asked us to summarize the text.*
Recomecei a explicação após numerosas interrupções.	*I resumed the explanation after numerous interruptions.*

Simpático	***Sympathetic***
nice	–
Pessoas simpáticas facilitam as coisas.	*Nice people make life easier.*
Eu lembro das palavras solidárias de meu primo depois que perdemos a eleição.	*I remember my cousin's sympathetic words after we lost the election.*

Ultimamente	***Ultimately***
lately	–
O chefe tem estado bem alegre ultimamente.	*The boss has been very cheerful lately.*
Ao fim de tudo, haverá uma explicação para as coisas que neste crime continuam sem explicação.	*Ultimately there'll be an explanation for all in this crime that remains unexplained.*

TERMINAÇÕES EQUIVALENTES E SIGNIFICADOS APROXIMADOS

EQUIVALENT ENDINGS AND APPROXIMATE MEANINGS

Substantivos: -ção; -são	***Nouns: -ção; -são***
As palavras que terminam em -ção e -são quase sempre terminam em -tion e -sion, respectivamente, em inglês. Todas as palavras que terminam em -ção e -são são substantivos.	*Words that end in* -ção *and* -são *almost always end in* -tion *and* -sion, *respectively, in English.* *All the words that end in* -ção *and* -são *are nouns.*
PORTUGUÊS	***ENGLISH***
ação	*action*
administração	*administration*
contribuição	*contribution*
conversação	*conversation*
correção	*correction*
criação	*creation*
decoração	*decoration*
educação	*education*
eleição	*election*
posição	*position*
reação	*reaction*
solução	*solution*
televisão	*television*
transmissão	*transmission*
divisão	*division*
sucessão	*succession*
progressão	*progression*
sessão	*session*
confusão	*confusion*
dimensão	*dimension*
visão	*vision*
discussão	*discussion*
missão	*mission*
permissão	*permission*

Complete as lacunas com as palavras abaixo. As frases aparecem meio traduzidas para ajudar você a encontrar a palavra certa.

Fill in the blanks with the following words. The sentences appear half translated to help you find the right word.

solução – ação – transmissão – posição – televisão

1. A polícia combate a ______ criminosa.
   The police fights criminal ______.

2. A máquina não está funcionando. O botão de liga/desliga não está na ______ certa.
   The machine is not working. The on-off button is not in the right ______.

3. Tenho de encontrar uma ______ para este problema!
   I have to find a ______ for this problem!

4. Eu assisto às noticias na ______ todas as noites.
   I watch the news on ______ every night.

5. A ______ de dados é a transferência de dados de um ponto a outro.
   Data ______ is the transfer of data from one point to another.

Key:
1. ação; 2. posição; 3. solução; 4. televisão; 5. transmissão.

Substantivos: -idade	***Nouns: -idade***
As palavras que terminam em -idade muitas vezes terminam em *-ity* em inglês. Todas as palavras que terminam em -idade são substantivos.	*Words that end in* -idade *many times end in -ity in English.* *All the words ending in* -idade *are nouns.*
PORTUGUÊS	***ENGLISH***
atividade	*activity*
adversidade	*adversity*
afinidade	*affinity*
autoridade	*authority*
capacidade	*capacity*
claridade	*clarity*
coletividade	*collectivity*
complexidade	*complexity*
dignidade	*dignity*
mobilidade	*mobility*
generosidade	*generosity*
sinceridade	*sincerity*
proximidade	*proximity*
qualidade	*quality*
realidade	*reality*
universidade	*university*
validade	*validity*
necessidade	*necessity*

Encontre a parte inicial das palavras e complete com -idade. Siga o exemplo.

Find the initial part of the word and complete with with -idade. Follow the example.

1. ~~Sincer~~ sinceridade
2.
3.
4.
5.

~~S~~	F	M	G	M	A	G	I	C	X	D	N	Y	H	Y	O
~~I~~	S	I	N	C	C	C	H	A	R	Y	T	Y	M	C	U
~~N~~	B	O	O	K	A	T	E	N	C	O	O	L	Y	O	U
~~C~~	T	E	A	U	N	I	K	E	R	E	A	L	L	H	P
~~E~~	H	M	Y	N	I	P	N	C	E	A	M	I	O	U	R
~~R~~	Q	U	A	I	G	O	I	E	A	F	R	I	E	N	D
R	E	M	E	V	H	I	G	S	T	O	D	A	Y	T	K
T	O	O	S	E	T	A	T	S	Y	Q	Q	U	A	L	Y
G	R	W	U	R	E	T	H	V	E	L	U	Q	Y	D	A
B	I	L	L	S	A	P	A	T	I	V	C	P	N	C	E
N	O	B	O	D	Y	V	E	L	U	Q	Y	D	A	M	R

Key:

~~S~~	F	M	G	M	A	G	I	C	X	D	N	Y	H	Y	O
~~I~~	S	I	N	C	C	C	H	A	R	Y	T	Y	M	C	U
~~N~~	B	O	O	K	A	T	E	~~N~~	C	O	O	L	Y	O	U
~~C~~	T	E	A	~~U~~	N	I	K	~~E~~	~~R~~	~~E~~	~~A~~	~~L~~	L	H	P
~~E~~	H	M	Y	~~N~~	I	P	N	~~C~~	E	A	M	I	O	U	R
~~R~~	Q	U	A	~~I~~	G	O	I	~~E~~	A	F	R	I	E	N	D
R	E	M	E	~~V~~	H	I	G	~~S~~	T	O	D	A	Y	T	K
T	O	O	S	~~E~~	T	A	T	~~S~~	Y	Q	~~Q~~	~~U~~	~~A~~	~~L~~	Y
G	R	W	U	~~R~~	E	T	H	V	E	L	U	Q	Y	D	A
B	I	L	L	~~S~~	A	P	~~A~~	~~T~~	~~I~~	~~V~~	C	P	N	C	E
N	O	B	O	D	Y	V	E	L	U	Q	Y	D	A	M	R

Necess-; Ativ-; Qual-; Univers-; Real-.

MÉDICOS

Hotéis, agentes de viagem ou o consulado do seu país provavelmente conseguirão médicos e dentistas que falem inglês, caso você precise.

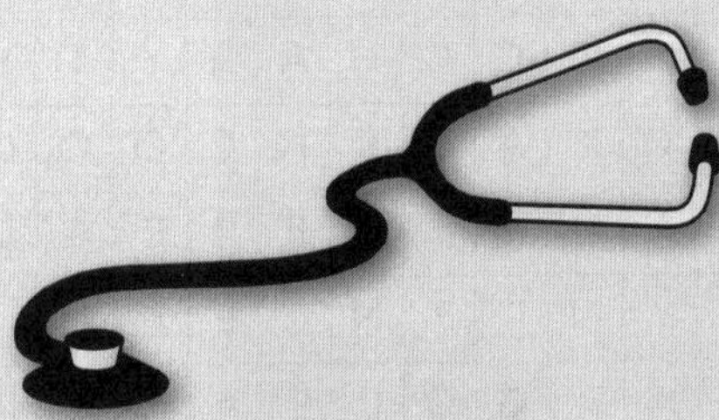

MEDICAL DOCTORS

Hotels, travel agents or your country's consulate can probably find English speaking doctors or dentists, in case you need.

HOTÉIS CINCO ESTRELAS

Os hotéis são classificados com estrelas, sendo os melhores os de cinco estrelas e os mais simples os de uma estrela.

FIVE-STAR HOTELS

Hotels are classified with stars, being the best ones those with five stars and the simplest ones those with one star.

Substantivos/adjetivos: -ário | *Nouns/adjectives: -ário*

As palavras que terminam em -ário(a) muitas vezes terminam em *-ary* em inglês.

Words that end in -ário(a) many times end in -ary in English.

Muitas palavras que terminam em -ário(a) são substantivos, muitas são adjetivos e muitas são ambos.

Many of the words ending in -ário(a) are nouns, many are adjectives and many are both.

PORTUGUÊS	*ENGLISH*
aniversário	*anniversary (also means birthday)*
beneficiário	*beneficiary*
dicionário	*dictionary*
glossário	*glossary*
penitenciária	*penitentiary*
salário	*salary*
sumário	*summary*
comissário	*commissary*
cemitério	*cemetery*
revolucionário	*revolutionary*
extraordinário	*extraordinary*
evolucionário	*evolutionary*
necessário	*necessary*
hereditário	*hereditary*
imaginário	*imaginary*
temporário	*temporary*
voluntário	*voluntary*

Complete as expressões. Atenção aos gêneros!

Complete the expressions. Attention to the genders!

1. ______ bilíngue.
   Bilingual dictionary.

2. ______ de livro.
   Book summary.

3. Doença ______.
   Hereditary disease.

4. Serviço ______.
   Voluntary service.

5. ______ mínimo.
   Minimum salary.

6. Mundo ______.
   Imaginary world.

Key:
1. Dicionário;
2. Sumário;
3. Hereditária;
4. Voluntário;
5. Salário;
6. Imaginário.

Substantivos: -ismo | *Nouns: -ismo*

As palavras que terminam em -ismo geralmente terminam em *-ism* em inglês e costumam representar uma forma de pensar, uma teoria ou doutrina.

As palavras que terminam em -ismo são substantivos.

Words ending in -ismo usually end in -ism in English and tend to represent a way of thinking, a theory or doctrine.

Words ending in -ismo are nouns.

PORTUGUÊS	*ENGLISH*
ativismo	*activism*
expressionismo	*expressionism*
altruísmo	*altruism*
antagonismo	*antagonism*
budismo	*budhism*
judaismo	*judaism*
esquerdismo	*leftism*
liberalismo	*liberalism*
metabolismo	*metabolism*
nepotismo	*nepotism*
parasitismo	*parasitism*
pessimismo	*pessimism*
otimismo	*optismism*
radicalismo	*radicalism*
racismo	*racism*
vampirismo	*vampirism*

Ligue as colunas.

Match the columns:

1. Vandalismo	A. ( ) *Not believing in God*
2. Vegetarianismo	B. ( ) *Destruction acts*
3. Antagonismo	C. ( ) *Disease caused by ruined canned food*
4. Magnetismo	D. ( ) *Not eating meat*
5. Ateísmo	E. ( ) *Speaking two languages*
6. Bilinguismo	F. ( ) *Submission to destiny*
7. Botulismo	G. ( ) *An attraction*
8. Fatalismo	I. ( ) *An opposition*

Key:
1) B; 2) D; 3) I; 4) G; 5) A; 6) E; 7) C; 8) F.

CAFÉ DA MANHÃ

O café da manhã nos hotéis do Brasil segue o padrão internacional. Mas também pode incluir alimentos típicos como doce de leite, bolos e pão de queijo.

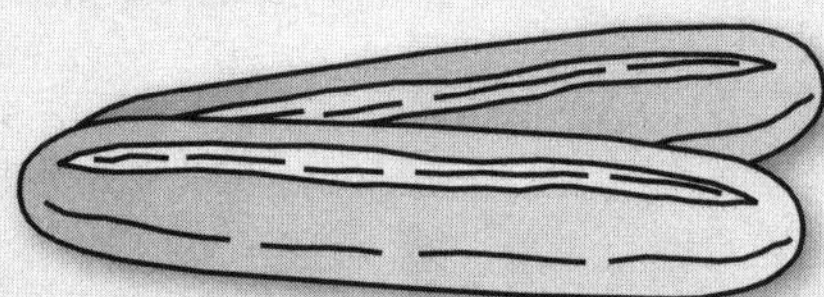

BREAKFAST

The breakfast in Brazilian hotels follows the international standard of a continental breakfast. But it can also include typical foods like doce de leite, cakes and pão de queijo.

MOTEL x HOTEL

Motéis no Brasil geralmente cobram por hora, e o propósito do serviço que oferecem é outro. Outras opções são pousadas e albergues.

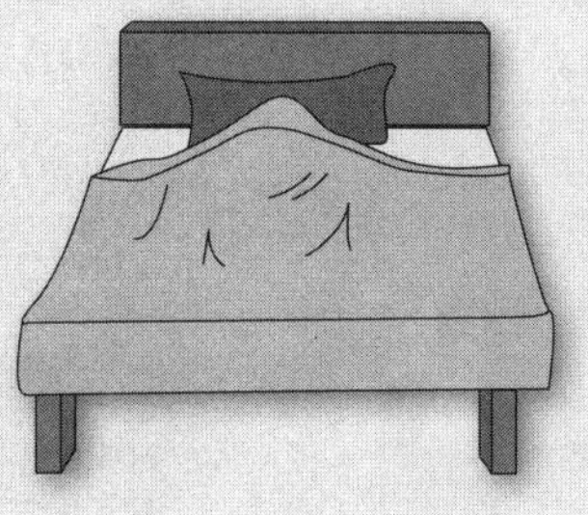

MOTEL x HOTEL

Motels in Brazil charge by the hour and the purpose of the service they offer is different. Other options are inns and hostels.

Substantivos: -dor	***Nouns: -dor***	
As palavras que terminam em -dor(a) muitas vezes terminam em -er em inglês; representam alguém/algo que faz alguma coisa.	*Words ending in* -dor(a) *many times end in -er in English; they represent someone/something who does something.*	
De um modo geral, essas palavras são formadas assim: verbo + -dor(a) = pessoa/coisa que realiza a ação que o verbo expressa.	*Usually, these words are formed as follows: verb+* -dor(a) *= person/thing who does the action that the verb expresses.*	
Outra forma de montar um substantivo de quem faz alguma coisa é com -nte.	*Another way of assembling a noun of someone who does something is with* -nte.	
	PORTUGUÊS	***ENGLISH***
Fazer (*to make*) + dor(a)	fazedor(a)	*maker*
Caçar (*to hunt*) + dor(a)	caçador(a)	*hunter*
Jogar (*to play*) + dor(a)	jogador(a)	*player*
Gerenciar (*to manage*) + nte	gerente	*manager*
Ditar (*to dictate*) + dor(a)	ditador(a)	*dictator*
Presidir (*to preside*) + nte	presidente	*president*
Governar (*to govern*) + dor(a)	governador(a)	*governor*
Governar (*to govern*) + nte	governante	*ruler*
Vender (*to sell*) + dor(a)	vendedor(a)	*salesperson*
Despertar (*to awaken*) + dor	despertador	*alarm clock*

Complete as lacunas com a forma derivada do verbo.

Fill in the blanks with the derived form of the verb.

1. Quem joga é um *jogador*.
2. Quem apresenta é um ______.
3. Quem compra é um ______.
4. Quem vende é um ______.
5. Quem palestra é um ______. (-nte)

Key:
1) Jogador: *One who plays is a player;*
2) Apresentador: *One who presents is a presenter;*
3) Comprador: *One who buys something is a buyer;*
4) Vendedor: *One who sells something is a seller;*
5) Palestrante: *One who lectures is a lecturer (-nte).*

Substantivos: -mento | *Nouns: -mento*

Este final de palavra corresponde a *-ment* em inglês, mas lembre-se que muitas vezes não é possível fazer uma tradução direta.

This word ending corresponds to -ment in English, but remember that it's not always possible to do a direct translation.

Quase todas as palavras que terminam em -mento são substantivos.

*Almost all the words that end in -*mento *are nouns.*

PORTUGUÊS	*ENGLISH*
desenvolvimento	*development*
movimento	*movement*
julgamento	*judgment*
envolvimento	*involvement*
gerenciamento	*management*
pagamento	*payment*
tratamento	*treatment*
reconhecimento	*acknowledgement*
melhoramento	*improvement*

Complete as lacunas com as palavras seguintes.

Fill in the blanks with the following words:

departamento – fragmentos – documento – experimentos – complemento

1. Um certificado é um _________ legal.
   A certification is a legal document.

2. Vinho é um _________ necessário para refeições sofisticadas.
   Wine is a necessary complement for sophisticated meals.

3. Uma loja de _________ vende muitos tipos diferentes de produtos.
   A department store sells many different types of products.

4. Cientistas fazem _________.
   Scientists make experiments.

5. Havia _________ de cerâmica na caverna.
   There were fragments of ceramics in the cave.

Key:
1) Documento; 2) Complemento; 3) Departamento; 4) Experimentos; 5) Fragmentos.

HORÁRIOS DE HOTEL

Horário de check out nos hotéis é geralmente entre 11h e 13h. Não se atrase pois poderá ter de pagar mais uma diária.

HOTEL TIMES

Checkout time in hotels is between 11AM and 1PM. Don't be late as you may have to pay for one more day.

GORJETA

A gorjeta do garçom em geral é adicionada à conta e é de 10%. Teoricamente, é possível não aceitar pagar esse valor, mas não será considerado muito educado.

TIP

The waiter's tip is usually added to your bill and it's 10%. Technically, you can deny to pay it, but it won't be considered very polite.

Substantivos: -ência/-ância / *Nouns: -ência/-ância*

Estes finais de palavra correspondem a -ence/-ance/-ency em inglês, mas lembre-se que muitas vezes não é possível fazer uma tradução direta.

These word endings correspond to -ence/-ance/-ency in English, but remember that many times it's not possible to do a direct translation.

Palavras que terminam em -ência/-ância são substantivos.

Words ending in -ência/-ância are nouns.

PORTUGUÊS	*ENGLISH*
ciência	*science*
existência	*existence*
coincidência	*coincidence*
conferência	*conference*
independência	*independence*
obediência	*obedience*
evidência	*evidence*
referência	*reference*
interferência	*interference*
ambulância	*ambulance*
assistência	*assistance*
circunstância	*circumstance*
distância	*distance*
substância	*substance*
frequência	*frequency*
fluência	*fluency*
agência	*agency*
eficiência	*efficiency*

Complete as lacunas e as palavras cruzadas.

Fill in the blanks and complete the crossword.

1. ________ é medida em hertz.
   Frequency is measured in Hertz.

2. Não existem ________ que ele cometeu o crime.
   There is no evidence that he committed the crime.

3. Não existe ________ de água doce no planeta terra.
   There is not an abundance of fresh water on planet Earth.

4. A ________ procura explicar fenômenos.
   Science seeks to explain phenomena.

5. Chamem uma ________! Alguém ficou seriamente ferido!
   Call an ambulance! Someone got seriously hurt!

Key:
1) Frequência; 2) Evidências; 3) Abundância; 4) Ciência; 5) Ambulância.

Verbos: -ificar | *Verbs: -ificar*

Os verbos que terminam em -ificar são muitas vezes parecidos com verbos que terminam -ify em inglês.

Verbs ending in -ificar are many times similar to verbs ending in -ify in English.

PORTUGUÊS	*ENGLISH*
certificar	*certify*
classificar	*classify*
amplificar	*amplify*
falsificar	*falsify*
diversificar	*diversify*
exemplificar	*exemplify*
justificar	*justify*
gratificar	*gratify*
modificar	*modify*
unificar	*unify*
solidificar	*solidify*

Relacione as colunas. Cada verbo corresponde a um sinônimo. Siga o exemplo:

Match the columns. Each verb corresponds to a synonym. Follow the example:

1. Verificar	a. ( ) defender com fortificações
2. Especificar	b. (1) confirmar
3. Purificar	c. ( ) fazer mais intenso
4. Intensificar	d. ( ) definir
5. Fortificar	e. ( ) desinfetar

Key:
1) b; 2) d; 3) e; 4) c; 5) a.

Verbos: -izar	***Verbs: -izar***
Os verbos que terminam em -izar/-isar são muitas vezes parecidos com verbos terminam -ize/-ise em inglês.	*Verbs ending in -izar/-isar are many times similar to verbs ending in -ize/-ise in English.*
PORTUGUÊS	***ENGLISH***
memorizar	*memorize*
centralizar	*centralize*
organizar	*organize*
familiarizar	*familiarize*
hipnotizar	*hypnotize*
maximizar	*maximize*
batizar	*baptize*

Ligue as colunas. A definição das palavras em português é dada em inglês. Siga o exemplo.

Match the columns. The definition of the words in Portuguese is given in English. Follow the example.

1. Banalizar — A. ( ) *Globalize*
2. Categorizar — B. ( ) *Give emphasis*
3. Centralizar — C. ( ) *Apply a penalty*
4. Enfatizar — D. ( ) *Make it legal*
5. Localizar — E. (1) *Make it commonplace*
6. Globalizar — F. ( ) *Centralize*
7. Legalizar — G. ( ) *Localize*
8. Penalizar — H. ( ) *Organize into categories*

Key:
1) E; 2) H; 3) F; 4) B; 5) G; 6) A; 7) D; 8) C.

Adjetivos: -ível/-ável	***Adjectives: -ível/-ável***
Estes finais de palavra correspondem a -ible/-able em inglês, e em geral se formam a partir de verbos.	*These word endings correspond to -ible/-able in English, and usually are formed from verbs.*
Significam "que pode ser + o particípio do passado do verbo" como em "o que pode ser feito". Por exemplo, "digitável, que pode ser digitado", "apagável, que pode ser apagado".	*They mean "what can be + past participle of the verb" as in "what can be done".* *For example,* digitável *(typeable), which can be typed,* apagável *(erasable), which can be erased.*
Lembre-se sempre de que muitas vezes não é possível fazer uma tradução direta.	*Remember that it's not always possible to reach a direct translation.*
Palavras que terminam em -ível/-ável são adjetivos.	*Words that end in -ível/-ável are adjectives.*
PORTUGUÊS	***ENGLISH***
destrutível	*destructible*
elegível	*eligible*
possível	*possible*
flexível	*flexible*
perceptível	*perceptible*
compatível	*compatible*
responsável	*responsible*
aceitável	*acceptable*
variável	*variable*
incalculável	*incalculable*
incomparável	*incomparable*
demonstrável	*demonstrable*
pagável	*payable*

Escolha a palavra que melhor completa a expressão.

Choose the word that best completes the phrase.

Invisível – irresistível – interpretável – visível – responsável – infalível

1. texto ______.
2. imagem ______.
3. charme ______.
4. fórmula ______.
5. fantasma ______.
5. ______ legal.

Key:

1) Texto interpretável: interpretable text; 2) Imagem visível: visible image; 3) Charme irresistível: irresistible charm; 4) Fórmula infalível: infallible formula; 5) Fantasma invisível: invisible phantom; 6) Responsável legal: legal guardian.

CORRENTE ELÉTRICA

A corrente elétrica varia no Brasil, podendo ser de 110v ou 220v. Se não houver nada na tomada que indique, o melhor é perguntar. A forma das tomadas também tem variação. Um novo padrão foi definido, mas ainda existem tomadas em diferentes formatos.

ELECTRIC CURRENT

Electric current in Brazil varies, it can be 110v or 220v. If there is no sign on the socket indicating this, it's better to ask. Socket configuration also varies. A new standard format has been defined, but there are still plugs in different formats.

SAPATOS E STATUS

No Brasil as pessoas olham bastante para os sapatos como um sinal de status ou adequação.
Se a pessoa estiver de sandálias e meias, por exemplo, todo mundo vai saber que é gringo (estrangeiro).

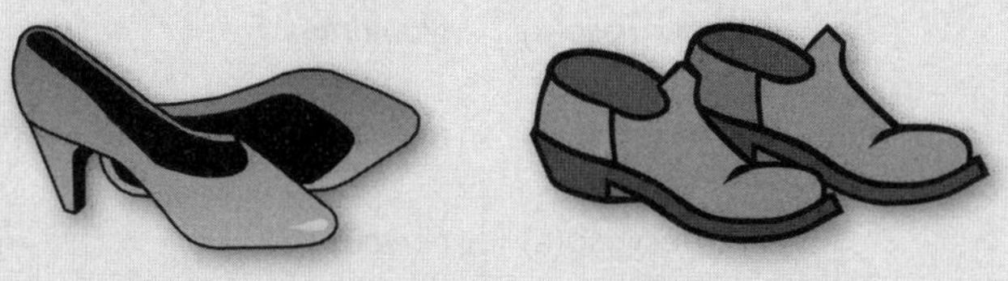

SHOES AND STATUS

In Brazil people look a lot at the shoes as a sign of status and adequacy.
If the person is wearing sandals with socks, for instance, everybody will know that he or she is a gringo (foreigner).

Adjetivos: -oso

Adjectives: -oso

As palavras que terminam em -oso(a) correspondem a várias palavras semelhantes em inglês que terminam em -ous.

Words that end in -oso(a) correspond to many similar words in English that end in -ous.

PORTUGUÊS	*ENGLISH*
ansioso(a)	*anxious*
curioso(a)	*curious*
desastroso(a)	*disastrous*
fabuloso(a)	*fabulous*
furioso(a)	*furious*
glamoroso(a)	*glamorous*
malicioso(a)	*malicious*
nervoso(a)	*nervous*

Ligue os adjetivos da primeira coluna aos seus antônimos na segunda.

Match the adjectives of the first column with their antonyms in the second column.

1. Nervoso(a)
2. Prestigioso(a)
3. Religioso(a)
4. Espaçoso(a)
5. Poderoso(a)
6. Bondoso(a)

A. ( ) Irrelevante; *irrelevant*
B. ( ) Pequeno(a); *small*
C. ( ) Maléfico(a); *mean*
D. ( ) Não religioso(a); *non religious*
E. ( ) Calmo(a); *calm*
F. ( ) Fraco(a); *weak*

Key:
1) E; 2) A; 3) D; 4) B; 5) F; 6) C.

Adjetivos: -ivo	*Adjectives: -ivo*
-ivo(a) produz muitos adjetivos, assim como -ive, em inglês. E também como em inglês, -ivo(a) forma alguns substantivos.	*-ivo(a) produces many adjectives, like -ive in English.* *And also like in English, -ivo(a) forms some nouns.*
PORTUGUÊS	***ENGLISH***
ativo(a)	*active*
construtivo(a)	*constructive*
contributivo(a)	*contributive*
produtivo(a)	*productive*
expressivo(a)	*expressive*
inclusivo(a)	*inclusive*
agressivo(a)	*aggressive*
meditativo(a)	*meditative*
criativo(a)	*creative*
negativo(a)	*negative*
positivo(a)	*positive*
repulsivo(a)	*repulsive*
adjetivo	*adjective*
substantivo	*noun*

Leia o significado das palavras que devem completar o quadro e as lacunas, conforme o exemplo.

Read the meaning of words that should complete the table and the blanks, according to the example.

1. *Someone who receives criticism well is receptive* <u>**(receptivo)**</u>.
2. *Someone who punishes is* ________ (______).
3. *Someone who provokes is* ________ (______).
4. *Someone who prevents is* ________ (______).
5. *Something that has intensity is* ________ (______).
6. *Someone who has intuition is* ________ (______).

R	R	M	I	N	T	E	N	S	I	V	O	N	H	Y	O
C	E	I	N	C	C	C	H	A	R	Y	T	Y	M	C	U
R	C	O	O	K	A	P	E	N	C	O	O	L	Y	O	U
E	E	E	A	U	N	U	K	E	R	E	A	L	L	H	P
A	P	R	E	V	E	N	T	I	V	O	M	I	O	U	R
T	T	U	A	I	G	I	I	E	A	F	R	I	E	N	D
Y	I	M	E	V	H	T	G	S	T	O	D	A	Y	T	K
T	V	O	S	E	T	I	N	T	U	I	T	I	V	O	Y
G	O	W	U	R	E	V	H	V	E	L	U	Q	Y	D	A
B	E	L	L	S	A	O	A	C	T	I	V	P	N	C	E
N	O	P	R	O	V	O	C	A	T	I	V	O	V	L	R

Key:

R	~~R~~	M	~~I~~	~~N~~	~~T~~	~~E~~	~~N~~	~~S~~	~~I~~	~~V~~	~~O~~	N	H	Y	O
C	~~E~~	I	N	C	C	C	H	A	R	Y	T	Y	M	C	U
R	~~C~~	O	O	K	A	~~P~~	E	N	C	O	O	L	Y	O	U
E	~~E~~	E	A	U	N	~~U~~	K	E	R	E	A	L	L	H	P
A	~~P~~	~~R~~	~~E~~	~~V~~	~~E~~	~~N~~	~~T~~	~~I~~	~~V~~	~~O~~	M	I	O	U	R
T	~~T~~	U	A	I	G	~~I~~	I	E	A	F	R	I	E	N	D
Y	~~I~~	M	E	V	H	~~T~~	G	S	T	O	D	A	Y	T	K
T	~~V~~	O	S	E	T	~~I~~	~~N~~	~~T~~	~~U~~	~~I~~	~~T~~	~~I~~	~~V~~	~~O~~	Y
G	~~O~~	W	U	R	E	~~V~~	H	V	E	L	U	Q	Y	D	A
B	E	L	L	S	A	~~O~~	A	C	T	I	V	P	N	C	E
N	O	~~P~~	~~R~~	~~O~~	~~V~~	~~O~~	~~C~~	~~A~~	~~T~~	~~I~~	~~V~~	~~O~~	V	L	R

1) Receptivo; 2) Punitivo; 3) Provocativo; 4) Preventivo; 5) Intensivo; 6) Intuitivo.

Adjetivos: -ado/-ido/-nte/-dor — *Adjectives: -ado/-ido/-nte/-dor*

Quando acrescidos dos finais de palavra -nte/-dor/-ado/-ido, os verbos podem se tornar adjetivos que exprimem, genericamente, características "que geram algo" ou "onde algo é gerado".

When added of the word endings -nte/-dor/-ado/-ido, verbs can become adjectives that generically express characteristics "that generate something" or "where something is generated"

Dessa forma, -nte e -dor, de um modo geral, equivalem a -ing em inglês, e -ido e -ado, a -ed.

Thus, -nte and -dor usually are equivalent to -ing in English and -ido and -ado to -ed.

PORTUGUÊS — ***ENGLISH***

interessar (verbo) – *to interest*

interessante (adjetivo) – *interesting*

interessado (adjetivo) – *interested*

Português		English	
perturbador	perturbado	*disturbing*	*disturbed*
alarmante	alarmado	*alarming*	*alarmed*
surpreendente	surpreendido	*surprising*	*surprised*
bloqueador	bloqueado	*blocking*	*blocked*
convincente	convencido	*convincing*	*convinced*
seguinte	seguido	*following*	*followed*
controlador	controlado	*controlling*	*controlled*

Complete a tabela com as palavras que faltam.

Complete the table with the missing words.

VERBO		CARACTERÍSTICA "QUE GERA"		CARACTERÍSTICA "ONDE ALGO É GERADO"	
mudar	*to change*	mutante	*changing*(1)	mudado	*changed*
______ (2)	*to absorb*	______(3)	*absorbing*	absorvido	*absorbed*
amar	*to love*	amoroso	*loving*	______(5)	______ (4)
______ (6)	*to direct*	dirigente	______ (7)	dirigido	*directed*
______(8)	*to Age*	De envelhecimento	*aging*	______ (9)	*aged*
equilibrar	*to balance*	Equilibrante, equilibrador	______ (10)	______ (11)	*balanced*

Key:

2) Absorver; 3) Absorvente; 4) Loved; 5) Amado; 6) Dirigir; 7) Directing; 8) Envelhecer; 9) Envelhecido; 10) Balancing; 11) Equilibrado.

Adjetivos: -al | *Adjectives: -al*

Tanto em português quanto em inglês, o final de palavra -al é muito produtivo.

Both in Portuguese and in English, the -al ending is very productive.

PORTUGUÊS	*ENGLISH*
brutal	*brutal*
metal	*metal*
social	*social*
abdominal	*abdominal*
sexual	*sexual*
total	*total*
especial	*special*
central	*central*
oriental	*oriental*
general	*general*
festival	*festival*
(trabalho) braçal	*legwork*
dental	*dental*

Organize as palavras e complete as expressões. A primeira letra é a que inicia a palavra. Confira as traduções nas respostas:

Organize the words and complete the phrases. The first letter is the one that the word begins with. Check the translations in the answer key:

F	l	a	o	m	r	Educação (*education*) ________							
F	n	r	a	a	l	t	e	r	Amor (*love*) ________				
G	n	m	o	n	e	a	l	r	e	v	t	a	Política (*policy*) ________
T	i	a	r	d	n	o	l	a	i	c	Canção (*song*) ________		
H	z	i	r	o	n	o	a	t	l	Linha (*line*) ________			
E	r	a	e	t	n	Esperança (*hope*) ________							
L	a	g	l	e	Procedimento (*procedure*) ________								
I	u	t	s	n	l	a	i	c	t	o	i	n	Anúncio (*announcement*) ______

Key:
educação formal – *formal education*
amor fraternal – *fraternal love*
política governamental – *governmental policy*
canção tradicional – *traditional song*
linha horizontal – *horizontal line*
esperança eterna – *eternal hope*
procedimento legal – *legal procedure*
anúncio institucional – *institutional announcement*

Advérbios: -mente

Adverbs: -mente

As palavras que indicam genericamente o modo como fazemos as coisas não têm tantos finais de palavras quanto as outras categorias, nem em português nem em inglês.

Words that indicate generically the way in which we do things don't have as many word endings as the other categories, neither in Portuguese, nor in English.

De um modo geral, os advérbios terminam em – mente.

Usually adverbs end in – mente.

Os advérbios são normalmente construídos a partir dos adjetivos.

Adverbs are typically formed from adjectives.

PORTUGUÊS	*ENGLISH*	PORTUGUÊS	*ENGLISH*
lindo	*beautiful*	lindamente	*beautifully*
fiel, leal	*loyal, faithful*	fielmente	*faithfully*
convencional	*conventional*	convencionalmente	*conventionally*
ativo	*active*	ativamente	*actively*
religioso	*religious*	religiosamente	*religiously*
possível	*possible*	possivelmente	*possibly*

Numere a segunda coluna de acordo com a primeira, completando as expressões. As traduções aparecem nas respostas, mas também estão soltas e misturadas dentro da caixa abaixo.

Number the second column according to the first, completing the phrases. The translations appear in the answer "Key" but are also loose and mixed inside the box below.

perfectly – absolutely – disappointed – described – beautifully – arranged – highly – dangerously – exposed – qualified – balanced – deeply- convinced – clearly

1. Altamente _____	A. ( ) Convencido
2. Absolutamente _____	B. ( ) Equilibrado
3. Perfeitamente _____	C. (1) Qualificado
4. Profundamente _____	D. ( ) Organizado
5. Claramente _____	E. ( ) Exposto
6. Belamente _____	F. ( ) Frustado
7. Perigosamente _____	G. ( ) Descrito

Key:
1) Altamente qualificado – *highly qualified*
2) Absolutamente convencido – *absolutely convinced*
3) Perfeitamente equilibrado – *perfectly balanced*
4) Profundamente frustrado – *deeply disappointed*
5) Claramente descrito – *clearly described*
6) Belamente organizado – *beautifully arranged*
7) Perigosamente exposto – *dangerously exposed*

COMIDA POR PESO

Um tipo de restaurante comum no Brasil é de bufê a quilo. Funciona assim: você se serve do que quiser no bufê e pesa o seu prato, pagando de acordo com o que comer. Sempre existe um valor máximo para porções livres.

FOOD BY THE WEIGHT

A common type of restaurant in Brasil is that of "kilo buffet". It works like this: you help yourself from the buffet and weigh your plate, paying according to what you eat. There is also a maximum value for open servings.

COMIDAS FAMOSAS

A comida brasileira mais famosa provavelmente é feijoada. Não deixe de experimentar também churrasco, pão de queijo e doce de leite.

FAMOUS DISHES

Brazil's most famous dish is probably feijoada (black beans and pork stew). Try also churrasco (roasted meat, like barbecue), pão de queijo (cheese rolls) and doce de leite (milk paste like the filling of a custard tart).

Expressando excesso: super- | *Expressing excess: super-*

Assim como em inglês, as palavras que iniciam por super- costumam ter em comum a ideia de "excesso", "além do limite", "demasia".

Just like in English, words that begin with super- tend to have in common the idea of "excess", "over the line", "too much".

A parte inicial super(-) pode aparecer em substantivos ou adjetivos.

The initial part super(-) can appear in nouns or adjectives.

PORTUGUÊS		*ENGLISH*
cansado(a)	supercansado(a)	*super tired*
rápido(a)	super-rápido(a)	*super fast*
homem	super-homem	*superman*
promoção	superpromoção	*super promotion*
emocionante	superemocionante	*super exciting*

Relacione as colunas unindo a palavra em português ao seu correspondente sem o super- em inglês.

Match the columns joining the word in Portuguese to its correspondent without super- in English.

1. supercampeão	A. ( ) *hero*
2. superpopulação	B. ( ) *resistant*
3. superpotência	C. ( ) *population*
4. super-herói	D. ( ) *champion*
5. super-realista	E. ( ) *potency*
6. super-resistente	F. ( ) *realistic*

Key:
1) D; 2) C; 3) E; 4) A; 5) F; 6) B.

Expressando falta: sub- | *Expressing lack: sub-*

As palavras que iniciam por sub- costumam ter em comum a ideia de "falta", "inferioridade", "insuficiência", "abaixo de".	*Words that begin with sub- tend to have in common the idea of "lack", "inferiority", "insufficiency", "below something".*
A parte inicial sub- pode aparecer em substantivos, adjetivos ou verbos.	*The initial part sub- can appear in nouns, adjectives or verbs.*

PORTUGUÊS	*ENGLISH*
desenvolvido, subdesenvolvido	*developed, underdeveloped*
compensar, subcompensar	*compensate, undercompensate*
crescimento, subcrescimento	*growth, undergrowth*
pontuar, subpontuar	*score, underscore*

Complete as lacunas com as palavras abaixo. As frases aparecem meio traduzidas para ajudar você a encontrar a palavra certa.

Fill in the blanks with the following words. The sentences appear half translated to help you find the right word

subterrâneo – subumanas – submundo – subentendido

1. Algumas pessoas vivem em condições __________.
   Some people live under __________ conditions.

2. Ele não chegou a falar, mas ficou __________.
   He didn't actually said it, but it was __________.

3. O metrô é __________.
   The subway is __________.

4. Os policiais conhecem o __________ do crime.
   Police officers know the criminal __________.

Key:
1) Subumanas; 2) Subentendido; 3) Subterrâneo; 4) Submundo.

Expressando erro: mal- | *Expressing error: mal-*

As palavras que iniciam por mal- costumam ter em comum a ideia de "erro", "falha", "incorreção", "negação".

Words that begin with mal- tend to have in common the idea of "lack", "error", "flaw", "incorrectness", "negation".

A parte inicial mal- pode aparecer em adjetivos e substantivos.

The initial part mal- can appear in nouns and adjectives.

Mal é advérbio.

Mal is the adverb "badly".

PORTUGUÊS	*ENGLISH*
mal-interpretado (a)	*misinterpreted*
mal-educado (a)	*ill-bred*
malevolência	*malevolence*
malsucedido	*unsuccessful*
mal-humorado	*bad-tempered*
mal-estar	*malaise*

Relacione as citações em inglês de acordo com sua correspondente em português.

Match the English quotes according to their correspondent in Portuguese.

1. "Não há mentira pior do que uma verdade mal compreendida por aqueles que a ouvem."
   – *William James*

2. "Não há curioso que não seja mal intencionado."
   – *Plauto*

3. "É do mal-educado que se aprende a boa educação."
   – *Ali ibn Abu Talib*

a. ( ) *"For nobody is curious, who isn't malevolent."*

b. ( ) *There is no worse lie than a truth misunderstood by those who hear it.*

c. ( ) *Learn politeness from the impolite.*

Key:
1) B; 2) A; 3) C.

O oposto: in-/des-/-ir

The opposite: in-/des-/-ir

Qualquer classe de palavra, substantivo, adjetivo, verbo ou advérbio, pode ter os prefixos in-, des- e ir-.

Any word class, noun, adjective, verb or adverb can carry the prefix in-, des- and ir-.

In-, des- e ir- normalmente indicam o oposto do que vem depois.

In-, des- and ir- usually indicate the opposite of what follows.

PORTUGUÊS	*ENGLISH*
consciência, inconsciência	*consciousness, unconsciousness*
fidelidade, infidelidade	*faithfulness, unfaithfulness*
previsibilidade, imprevisibilidade	*predictableness, unpredictableness*
vantagem, desvantagem	*advantage, disadvantage*
justo, injusto	*fair, unfair*
familiar, desconhecido	*familiar, unfamiliar*
interessante, desinteressante	*interesting, uninteresting*
fazer, desfazer	*do, undo*
afivelar, desafivelar	*buckle, unbuckle*
tampar, destampar	*cap, uncap*
prender, desprender	*fasten, unfasten*
devidamente, indevidamente	*duly, unduly*
justamente, injustamente	*fairly, unfairly*

Relacione as colunas unindo a palavra em português ao significado de seu oposto. Siga o exemplo:

Match the columns joining the word in Portuguese to the meaning of its opposite. Follow the example:

1. irrelevância	a. ( ) *that can be questioned*
2. irrefutável	b. ( ) *balance*
3. irrevogável	c. ( ) *active*
4. desequilíbrio	d. ( ) *being discreet*
5. imortalidade	e. (1) *importance*
6. inativo	f. ( ) *death*
7. inconstante	g. ( ) *always the same*
8. indiscrição	h. ( ) *that can be canceled, withdrawn*

Key:
1) E; 2) A; 3) H; 4) B; 5) F; 6) C; 7) G; 8) D.

Várias partes iniciais de palavras I

Various initial word parts I

Várias palavras em português começam como palavras em inglês, pois as suas partes iniciais são usadas nos dois idiomas.

Many words in Portuguese begin like words in English, since their initial parts are used in both languages.

PORTUGUÊS		*ENGLISH*	
a(n)-	sem, faltando / *no, lacking*	amoral, anárquico	*amoral, anarchical*
anti-	oposto / *opposite*	antibiótico, antídoto	*antibiotics, antidote*
auto-	sozinho, por si / *alone, by oneself*	automático, autobiografia	*automatic, autobiography*
bi-	dois / *two*	binacional, bilíngue	*bi-national, bilingual*
co(n)-	junto / *together*	colega de trabalho, contemporâneo	*co-worker, contemporary*
ex-	anterior / *previous*	ex-mulher, ex-presidente	*Ex-wife, ex-president*

Várias partes iniciais de palavras II

Various initial word parts II

Várias palavras em inglês começam como palavras em português, pois as suas partes iniciais são usadas nos dois idiomas.

Many words in Portuguese begin like words in English, since their initial parts are used in both languages.

	PORTUGUÊS	*ENGLISH*	
inter-	entre / between	interagir, internacional	*interact, international*
micro-	muito pequeno, um milionésimo/ *very small, one millionth*	microcomputador, microscópio	*microcomputer, microscope*
mega-	muito grande, um milhão / *very big, one million*	megabyte, megafone	*megabyte, megaphone*
mono-	um apenas / *only one*	monótono	*monotonous*
multi-	muito(a/s) / *many*	multi-tarefa, multifuncional	*multi-tasking, multifunctional*

PÍLULAS DE GRAMÁTICA
GRAMMAR PILLS

Palavras para perguntas	***Question words***
Estão são as palavras para perguntas básicas. Sua pronúncia aproximada aparece entre / /.	*These are the basic question words. Their approximate pronunciation appears between / /.*
PORTUGUÊS	***ENGLISH***
O quê?	/ookeh/ *What?*
Quem?	/keng/ *Who?*
Onde?	/olndee/ *Where?*
Quando?	/kwandoo/ *When?*
Como?	/cohmoo/ *How?*
Por quê?	/poor keh/ *Why?*

Complete as lacunas.

Fill in the blanks.

1. ______ é isso?
   What is this?

2. ______ é você?
   Who are you?

3. ______ estamos?
   Where are we?

4. ______ é o jogo?
   When is the game?

5. ______ é a bandeira do Brasil?
   How is the Brazilian flag?

6. ______ não posso ir?
   Why can't I come?

Key:
1) O que é isso?; 2) Quem é você?; 3) Onde estamos?; 4) Quando é o jogo?; 5) Como é a bandeira do Brasil; 6) Por que não posso ir?

CUMPRIMENTOS

Mulheres geralmente se cumprimentam com dois ou três beijos nas bochechas, mesmo que não sejam íntimas. Homens que não sejam íntimos dão um aperto de mão e às vezes um tapinha nas costas. Se forem íntimos dão um abraço ou até um beijo na bochecha. Um homem e uma mulher podem apertar as mãos ou dar os beijos na bochecha. Na dúvida, espere a outra pessoa tomar a iniciativa.

GREETINGS

Women usually greet each other with one or two kisses on the cheek, even if they are not close. Men who are not close shake hands and sometimes tap on each other's back. If they are close, they may hug or even kiss on the cheek. A man and a woman may shake hands or kiss on the cheek. When in doubt, wait for the other person's initiative.

Fazer perguntas e negar	***Asking questions and denying***
Uma frase afirmativa ou negativa terá em geral a mesma ordem de palavras que uma pergunta. Não é preciso passar o verbo para a frente da frase. Para construir uma pergunta a partir de uma afirmação ou negação, basta usar a entonação correspondente.	*An affirmative or negative sentence will generally have the same word order as a question. There is no need to move the verb to the front of the sentence. To build a question from an affirmative or a negative statement, it is enough to use the corresponding intonation.*
Naturalmente, se a pergunta é construída com uma palavra para pergunta, isso irá modificar a frase.	*Naturally, if the question is built with a question word, this will modify the sentence.*

PORTUGUÊS	*ENGLISH*
Hoje eu vim de carro.	*Today I came by car.*
Hoje você veio de carro?	*Did you come by car today?*
Como você veio hoje?	*How did you come today?*
Ela não sabe o caminho de volta.	*She does not know the way back.*
Ela não sabe o caminho de volta?	*Doesn't she know the way back?*
O que ela não sabe?	*What doesn't she know?*
Estamos prontos.	*We are ready.*
Estamos prontos?	*Are we ready?*
Como estamos?	*How are we?*

Observe a curva da entonação de afirmação, negação e pergunta.

Observe the intonation curve in affirmative, negative and interrogative statements.

Hoje eu vim de carro.
Today I came by car.

Hoje eu não vim de táxi.
Today I did not come by taxi.

Hoje você veio de carro?
Did you come by car today?

Eu e o outro

Another and me

Use as palavras abaixo para referir-se a si, ao seu interlocutor e/ou a um terceiro.

Use the words below to refer to yourself, your interlocutor and/or a third party (singular).

Em português, palavras assim, também chamadas de pronomes, multiplicam-se em formas complexas e combinações.

In Portuguese, these words, a.k.a. pronouns, come in complex forms and combinations.

Para sermos o mais objetivos possíveis, apenas apresentamos outras formas para "eu": "mim" e "me". O uso frequente dessas "formas objeto" justifica sua apresentação (veja exemplos abaixo).

To remain as objective as possible, we present other forms only for eu *(I):* mim *and* me *(me). The frequent use of these object forms justifies their introduction* *(see examples below)*.

No uso informal cotidiano, as outras palavras – você; ele/ela – podem ser usadas como sujeito ou como objeto. Por isso suas outras formas não são mostradas.

In informal daily use, the other words – você; ele/ela *– can be used as a subject or an object. This is why their other forms are not shown.*

Gramáticos, por favor, trégua!

(Grammarians, a truce, please!)

PORTUGUÊS	ENGLISH
eu, me, mim	*/eh-oo/ I /meh, meing/ me*
você	*/voceh/ you*
ele/ela	*/elee / elah/ he/she him/her*

Complete as lacunas.

Fill in the blanks.

1. _____ sou estrangeiro. ____ ____ vê. (=Você vê a mim.) ____ ____ dá "oi". (=Você dá "oi" para mim.)
   I am a foreigner. You see me. You say "hi" to me.

2. ____ é brasileiro. _____ tento falar com ____ em português.
   You are Brazilian. I try to speak to you in Portuguese.

3. _____ é estrangeiro também. ____ falo com ____ em inglês.
   He is a foreigner too. I speak to him in English.

4. ____ é brasileira. ____ quero conhecer ____.
   She is Brazilian. I want to meet her.

Key:
1) Eu sou estrangeiro. Você me vê. Você me dá "oi"; 2) Você é brasileiro. Eu tento falar com você em português; 3) Ele é estrangeiro também. Eu falo com ele inglês; 4) Ela é brasileira. Eu quero conhecer ela.

De quem é? I

Answers to "Whose?" I

Use as palavras abaixo para referir-se ao que pertence a si, ao seu interlocutor e/ou a um terceiro.

Use the words below to refer to that which belongs to yourself, your interlocutor and/or a third party (singular).

Em português não existe uma forma específica para quando palavras assim, também chamadas de pronomes possessivos, substituem aquilo a que se referem, ou seja, o contraste "your X yours", "my X mine" etc) não existe.

In Portuguese there is not a specific form for when such words, a.k.a. possessive pronouns, replace that to which they refer, i.e., the contrast "your X yours", "my X mine" etc., does not exist.

Mas tem uma forma feminina e uma masculina (sempre com referência na "coisa que pertence") e um "s" final no plural.

But there is a feminine and a masculine form (always with reference to "the thing that belongs") and a final "s" in the plural.

Observe que são formas iguais para o interlocutor e para um terceiro, pois gramaticalmente "você" corresponde a "alguém", "uma pessoa".

Notice that the forms are the same for both a speaker and a third party, as grammatically "você" corresponds to "someone", "a person".

6o, 124

6o, 124

PORTUGUÊS	*ENGLISH*
meu(s), minha(s)	*/meh-oo/ /meen_ah/ my, mine*
seu(s), sua(s)	*/ce-oo, ce-oos, soo-ah, soo-ahs/ your, yours*
seu(s), sua(s)	*/ce-oo, ce-oos, soo-ah, soo-ahs/, his/her, his/hers*

Complete as lacunas.

Fill in the blanks.

1. _____ passaporte é estrangeiro. _____ passport is foreign.
   (Talking about yourself) (passaporte *is masculine)*

2. _____ mala está aqui. ____ luggage is here.
   (Talking about yourself) (mala *is feminine)*

3. ____ passaporte é brasileiro. _____ passport is Brazilian.
   (Talking to "you")

4. ____ endereço é perto daqui. _____ address is near here.
   (Talking about a man) (endereço *is masculine)*

5. _____ carro está perto daqui. ____ cari s near here.
   (Talking about a woman) (carro *is masculine)*

6. ____ viagem foi muito longa. _____ trip was very long.
   (Talking about a man – or a woman!) (viagem *is feminine)*

Key:
1) Meu passaporte é estrangeiro; 2) Minha mala está aqui; 3) Seu passaporte é brasileiro; 4) Seu endereço é perto daqui; 5) Seu carro está perto daqui; 6) Sua viagem foi muito longa.

Os outros e nós	***The others and us***
Para referir-se ao grupo a que pertence, aos seus interlocutores e/ ou a terceiros.	*In order to refer to the group you belong to, your interlocutors and/or third parties (plural).*
PORTUGUÊS	***ENGLISH***
nós vocês eles/elas	*/noss/ we* */vocehs/ you (plural)* */elees, elahs/ they (masculine and feminine)*

Complete as lacunas

Fill in the blanks:

1. ____ somos estrangeiros.
   ____ *are foreigners.*

2. ____ são brasileiros[1].
   ____ *are Brazilians.*

3. ____ são homens estrangeiros.
   ____ *are foreign men.*

4. ____ são mulheres estrangeiras.
   _____ *are foreign women.*

Key:
1) Nós somos estrangeiros; 2) Vocês são brasileiros; 3) Eles são homens estrangeiros; 4) Elas são mulheres estrangeiras.

1 Usamos a forma masculina para generalizar. We use the masculine form to generalize. 6o', 182

AMÉRICA

Não é comum referir-se aos Estados Unidos como "América" no Brasil. "América" é usado para o continente. Já "americano" é usado com frequência para alguém dos Estados Unidos.

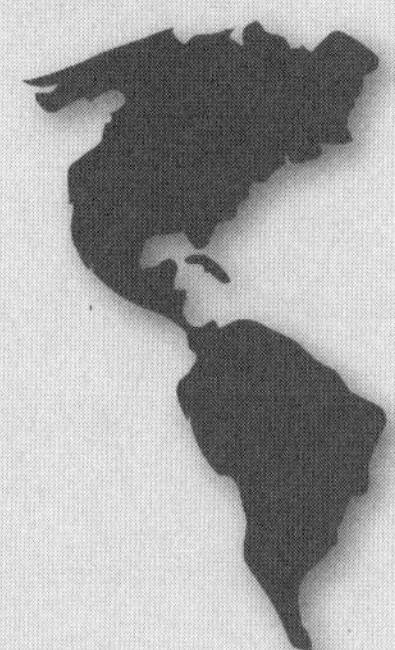

AMERICA

It's not common to refer to the United States as "America" in Brazil. "America" is used for the continent. Yet "American" is used frequently to refer to someone from the United States.

De quem é? II	***Answers to "Whose?" II***
Use as palavras abaixo para referir-se ao que pertence ao seu grupo, aos seus interlocutores e/ou a terceiros. 👓, 118, 124	*Use the words below to refer to that which belongs to your group, your interlocutors and/or third parties (plural).* 👓, 118, 124
PORTUGUÊS	***ENGLISH***
nosso(s), nossa(s)	*/noss-soo, noss-soos/, /noss-sah, noss-sahs / our, ours*
seu(s), sua(s)	*/ce-oo, ce-oos, soo-ah, soo-ahs/ your, yours*
seu(s), sua(s)	*/ce-oo, ce-oos, soo-ah, soo-ahs/ their, theirs*

Complete as lacunas.

Fill in the blanks.

1. **_____ amigos chegam amanhã. Onde estão _____ malas?**
   (Talking about ourselves) (amigos *is masculine*) *(*malas *is feminine).*

2. **_____ estadia está sendo ótima!**
   (Talking about ourselves) (estadia *is feminine).*

3. **_____ sotaque é diferente.**
   (Talking to "you") (sotaque *is masculine).*

4. **____ casa é muito bonita.**
   (Talking about two or more people) (casa *is feminine).*

Key:
1) Nossos amigos chegam amanhã. Onde estão nossas malas? Our friends arrive tomorrow. Where are our bags?; 2) Nossa estadia está sendo ótima! Our stay has been great!; 3) Seu sotaque é diferente. Your accent is different; 4) Sua casa é muito bonita. Your house is very pretty.

Evitando a confusão: de + ...

Avoiding confusion: de + ...

Você deve ter percebido que "seu(s)" e "sua(s)" fazem referência a gente demais: ele(s), ela(s), você(s).

You must have noticed that seu(s) *and* sua(s) *refer to too many people: ele(s), ela(s), você(s).*

6σ', 122

6σ', 122

Para evitar a confusão, no dia a dia usamos uma combinação de palavras que dizem se aquilo a que as coisas pertencem é feminino ou masculino, ou singular ou plural, ou ambos.

To avoid the confusion, in day-to-day life, we use a combination of words that will say if the one to whom/which things belong is feminine or masculine, or singular or plural, or both.

Assim, na prática, "seu(s)" e "sua(s)" acaba referindo-se a você(s) apenas.

Thus, in practice, the use of seu(s) and sua(s) end up referring only to você(s).

PORTUGUÊS	***ENGLISH***
De + ele, dele(s)	*/delee, delees/ of his, of theirs (masculine)*
De + ela, dela(s)	*/dehlah, dehlahs/ of hers, of theirs (feminine)*
de vocês	*of yours (plural)*

Complete as lacunas.

Fill in the blanks.

1. O passaporte ____ é estrangeiro.
   (Talking about a man's passaport)
2. A mala ____ está aqui.
   (Talking about a man's suitcase)
3. O passaporte ____ é brasileiro.
   (Talking about a woman's passaport)
4. O endereço ____ é perto daqui.
   (Talking about some people's address)
5. O carro ____ está perto daqui.
   (Talking about a man's car)
6. A viagem ____ foi muito longa.
   (Talking about some people's trip)
7. O sotaque ____ é diferente.
   (Talking to a group of people)
8. O sotaque ____ é diferente.
   (Talking about a woman's accent)

Como você pode ver, ao usar "dele(a)(s)" o gênero das "coisas que pertencem" não é importante.
As you can see, when using "dele(a)(s)" the gender of "the things belonging" is not important.

Key:
1) O passaporte dele é estrangeiro. His passport is foreigner; 2) A mala dele está aqui. His bag is here; 3) O passaporte dela é brasileiro. Her passport is Brazilian; 4) O endereço deles é perto daqui. Their address is near here; 5) O carro dele está perto daqui. His car is near here; 6) A viagem deles foi muito longa. Their trip was very long; 7) O sotaque de vocês é diferente. Your accent is different; 8) O sotaque dela é diferente. Her accent is different.

Verbos – visão geral	*Verbs – an overview*
Existem modos e tempos verbais, como em inglês. Mas diferentemente do inglês, as formas são realmente muitas.	*There are verbal moods and tenses, just like in English. But unlike English, there are really many forms.*
Para tratar desse assunto aqui, vamos nos concentrar em tempos "mínimos" usados no dia a dia e nas suas estruturas básicas. Essa simplificação deve ajudar você a usar os verbos portugueses.	*In order to deal with this subject here, we will concentrate on "minimum" tenses used everyday and in their basic structures. This simplification should help you use Portuguese verbs.*
PORTUGUÊS	***ENGLISH***
Hoje nós ESTAMOS passeaNDO pela cidade.	*Today we ARE walkING AROUND the city.*
Ontem NÓS passeAMOS pela cidade.	*Yesterday WE WALKED AROUND the city.*
Amanhã VAMOS PASSEAR pela cidade.	*Tomorrow WE WILL WALK AROUND the city.*
PASSEÁVAMOS pela cidade todo sábado.	*WE USED TO WALK AROUND the city every Saturday.*
PASSEARÍAMOS pela cidade amanhã, mas já temos compromisso.	*WE WOULD WALK AROUND the city tomorrow, but we already have an appointment.*
Ontem TERÍAMOS PASSEADO pela cidade, mas eu estava doente.	*Yesterday WE WOULD HAVE WALKED AROUND the city, but I was sick.*

Muitas frases iniciam pelo verbo	***Many sentences begin with the verb***
Muitas frases iniciam pelo verbo, pois ao contrário de inglês, em que praticamente todas as formas são iguais, a forma do verbo indica "o que" ou "quem" faz.	*Many sentences begin with the verb, because unlike English, in which practically all forms are the same, the verb form indicates "what" or "who" does something.*
Todas as condições climáticas, por exemplo, seguem essa estrutura.	*All of the weather conditions, for example, follow this structure.*
Chove. Fez sol ontem. Vai chover amanhã.	*It rains.* *It was sunny yesterday.* *It will rain tomorrow.*
PORTUGUÊS	***ENGLISH***
Estudo e entendo.	*I study and understand it.*
Gosto. O final -o diz que sou "eu".	*I like it. The final -o (in Portuguese) tells us we mean "I".*
Estudamos e entendemos. Os finais -amos/-emos dizem que somos "nós", e assim por diante.	*We study and understand it. The final -amos/-emos tells we mean "we". And so forth.*
É.	*It is.*

Verbos regulares e irregulares	***Regular and irregular verbs***
Existem verbos regulares e irregulares. fazer, ser, estar, ter, ir por exemplo, são todos irregulares.	*There are regular and irregular verbs. fazer (to do), ser (to be – permanent), estar (to be temporary), ter (to have), ir (to go) for example, are all irregular.*
160, 162, 164, 166, 168, 170, 172, 174, 176, 178	*160, 162, 164, 166, 168, 170, 172, 174, 176, 178*
Nos verbos regulares a parte inicial da palavra não muda. Esses verbos têm terminações que seguem um padrão, ou seja, uma conjugação, que é sempre a mesma maneira de terminar o verbo.	*In regular verbs, the initial part of the word doesn't change. These verbs have endings that follow a pattern, in other words, a conjugation, which is always the same way to end the verb-word.*
136, 144, 146, 148, 152, 154, 156, 158	*136, 144, 146, 148, 152, 154, 156, 158*
Verbos irregulares não seguem um padrão; a palavra inteira pode mudar.	*Irregular verbs don't follow a pattern; the whole word may change.*

APONTAR

Apontar com o dedo indicador pode ser considerado rude. Evite.

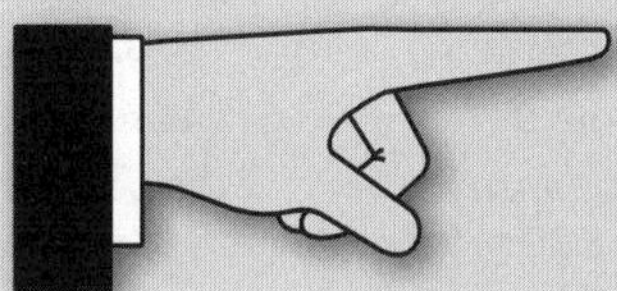

POINTING

Fingerpointing with the forefinger may be considered rude. Avoid it.

Formas simples e formas contínuas	***Simple and continuous forms***
Existem formas simples e formas continuas.	*There are simple and continuous forms.*
Ele estuda engenharia. (SIMPLES)	*She studies Engineering. (SIMPLE)*
Agora está fazendo a cadeira de cálculo. (CONTÍNUO)	*Now she is attending the Calculus course. (CONTINUOUS)*
É fácil perceber a semelhança com o inglês.	*It's easy to notice the similarity with English.*
A forma simples possui geralmente apenas um verbo e representa um momento específico, seja no passado, presente ou futuro.	*The simple form has usually just one verb and represents a specific pmoment, be it in the past, present or future.*
A forma contínua possui dois verbos (estava + verbo com -ndo).	*The continuous form has two verbs (estava + verbo com -ndo) – (to be (temporarily) (she) + verb with –ndo).*
👓, 164, 166	*👓, 164, 166*

Preencha as lacunas com os verbos apresentados para cada frase. Não se esqueça da estrutura (estar + verbo com -ndo) para a forma contínua!

Fill in the blanks with the verbs presented for each sentence. Don't forget the structure (to be (temporarily) + verb with -ndo) for the continuous form!

1. Eles _______ ________ TV quando ______ luz.
   They were watching TV when there was a blackout.
   Faltou (*to have lacked, to have been missing*)
   Assistindo (*to be watching*)
   Estavam (*they – to be temporarily in the past*)

2. _________ ________ o elevador quando ela ________.
   We were waiting for the elevator when she arrived.
   Esperando (*to be waiting*)
   chegou (*arrived, she*)
   estávamos (*we, to be temporarily in the past*).

3. O sol _______ ______ quando _______ ao parque.
   The sun was shining when we arrived at the park.
   Estava (*the sun, to be temporarily*)
   chegamos (*arrived, we*)
   brilhando (*to be shining*)

Key:
1) Eles estavam assistindo TV quando faltou luz; 2) Estávamos esperando o elevador quando ela chegou; 3) O sol estava brilhando quando chegamos ao parque.

Foco em Quem faz (ativo) e foco em O que é feito (passivo)	***Focus on Who does (active) and focus on What is done (passive)***
Assim como no inglês, existe o foco Quem faz (ativo) e o foco O que é feito (passivo).	*Just like in English, there is the focus on Who does (active) and the focus on What is done (passive).*
Escrevo esta explicação. Agora esta explicação já está escrita.	*I write this explanation. Now this explanation is already written.*
Com o foco no que é feito, são necessários dois verbos (ser/estar + verbo). Esse segundo verbo é usado na forma chamada "particípio".	*With the focus on what is done, two verbs are necessary (ser/estar + verbo) (be + verb). This second verb is used in the form called particípio (participle).*
PORTUGUÊS	***ENGLISH***
fazer – feito	*make – made*
pagar – pago	*pay – paid*
dizer – dito	*say – said*
entender – entendido	*understand – understood*
ler – lido	*read – read*
ganhar – ganho	*win – won*
dar – dado	*give – given*
receber – recebido	*receive – received*

Organize as frases.

Organize the sentences.

1. **hoje de manhã / O / foi / lavado / carro.**
   The car was washed this morning.

   ____

2. **A / foi / paga / viagem / já.**
   The trip was already paid.

   ____

3. **O / nesse folheto / está / atraso / explicado.**
   The delay is explained in this brochure.

   ____

4. **pagamento / será / O / semana que vem / recebido.**
   The payment will be received next week.

   ____

5. **estão / Todos / reservados / os / quartos.**
   All the rooms are booked.

   ____

Key:
1) O carro foi lavado hoje de manhã; 2) A viagem já foi paga; 3) O atraso está explicado nesse folheto; 4) O pagamento será recebido semana que vem; 5) Todos os quartos estão reservados.

Futuros e passados

Future and past

Aqui estão os principais tempos verbais e seu uso.

Here are the main verb tenses and their use.

Existem duas formas para nos referirmos a alguma coisa que acontecerá no futuro. Podemos falar de algo que vai acontecer amanhã, ano que vem, daqui a 20 anos, ou seja, nosso futuro, o futuro do presente, corresponde tanto ao "will" quanto ao "going to".

There are two forms for us to refer to something happening in the future. We can talk about something that will happen tomorrow, next year or 20 years from now, in other words, in Portuguese, our future, the future of the present, corresponds to "will" and "going to" alike.

Amanhã vamos à praia.

Tomorrow we are going to the beach.

Ou podemos falar de algo que poderia ter acontecido, ou iria acontecer, ou seja, o futuro do passado. A forma mais comum desse tempo é "ter + verbo no particípio" , 168, 170.

Or we can talk about something that could have happen, or would happen, in other words, the future of the past. The most common form for this tense is "ter + verbo no particípio" (have + participle form of the verb) *, 168, 170*

Corresponde ao "would have". "could have" etc.

It corresponds to "would have", "could have" etc.

Ontem teríamos ido à praia, mas começou a chover cedo pela amanhã.

Yesterday we would have gone to the beach, but it started to rain early in the morning.

Outra forma de nos referirmos ao passado é o passado simples, apenas se referindo a algo que aconteceu, corresponde tanto ao "simple past" quanto ao "present perfect".

Another way for us to talk about the past is the simple past, only referring to something that has happened; it corresponds to the "simple past" and the "present perfect" alike.

Ontem fomos à praia.

Yesterday we went to the beach.

E há o passado que indica algo que acontecia frequentemente no passado, que corresponde aos usos de "used to".

And there is the past that indicates something that used to happen frequently in the past, which corresponds to the uses of "used to"

Costumávamos ir à praia todo verão quando eu era criança.

We used to go to the beach every summer when I was a kid.

Complete as lacunas com as diferentes formas do verbo gostar.

Fill in the blanks with the different forms of the verb "gostar" (to like).

gostam **– present**

gostarão/irão gostar **– future of the present**

teriam gostado **– future of the past**

gostavam **– simple past and "used to"**

1. Eles _______ de almoçar cedo.
   They like to have lunch early.

2. Eles _______ de almoçar cedo.
   *They *liked* to have lunch early.*

3. Eles ________ de almoçar cedo, pois estarão com fome.
   They will like to have lunch early because they will be hungry.

4. Eles ________ de almoçar cedo, mas acabou o gás.
   They would have liked to have lunch early, but they ran out of cooking gas.

5. Eles ________ de almoçar cedo todos os dias.
   They used to like having lunch early every day.

Key:
1) gostam; 2) gostavam; 3) gostarão; 4) teriam gostado; 5) gostavam.

3 Grupos – Verbos terminam em -ar, -er, -ir/-or	***3 Groups – Verbs end in -ar, -er, -ir/-or***
Existem três grupos de terminações de verbos : -ar, -er, -ir/-or. Estas terminações equivalem ao To + verb em inglês. Ex.: Trabalhar, comer, existir *, 126.*	*There are three gropus of verb endings -ar, -er, -ir/-or. These endings are equivalent to "to + verb" in English. Ex.: To work, to eat, to exist* *, 126.*
Cada terminação representa um grupo de verbos com seu próprio conjunto de formas para eu, você(s), ele(a)(s), nós.	*Each ending represents a group of verbs with its own set of forms for eu, você(s), ele(a)(s), nós.*
, 144, 146, 148, 152, 154, 156, 158	*, 144, 146, 148, 152, 154, 156, 158.*

Agrupe os verbos a seguir de acordo com sua terminação.

Group the following verbs according to their ending.

dançar / sorrir/ poder/ conseguir/ organizar/ apaziguar/ lotar/ garantir/ solucionar/ manter/ pôr/ fabricar/ decidir/ trabalhar/ dirigir/ ler

Grupo 1 -ar	Grupo 2 -er	Grupo 3 -ir/-or

Key:

Grupo 1: dançar (to dance), organizar (to organize), apaziguar (to appease), lotar (to get crowded), solucionar (to solve), fabricar (to manufacture), trabalhar (to work).

Grupo **2:** poder (can), manter (to maintain), ler (to read).

Grupo **3:** sorrir (to smile), conseguir (to manage/to obtain), garantir (to guarantee), pôr (to put), decidir (to decide), dirigir (to drive).

HIGIENE

Tomar banho todo dia é básico para a maioria dos brasileiros. Se estiver quente, então a maioria das pessoas vai tomar banho com ainda mais frequência. Escovar os dentes após o almoço também é muito comum, seja no banheiro do trabalho, da faculdade, do shopping...

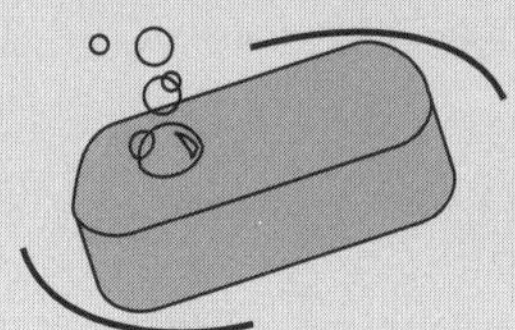

HYGIENE

Taking showers every day is a given for most Brazilians. If it's hot, then most people will shower even more frequently. Brushing one's teeth after lunch is very common as well, be it in the restroom at work, college, mall...

Futuro com IR	***Future with IR (To go)***
Uma forma simples e comum de referir-se ao futuro (do presente) *6o´, 134* é utilizando a estrutura "IR (conjugado no presente) + infinitivo do verbo". *6o´, 176*	A simple and common way to talk about the future (of the present) *6o´, 134* is by using the structure "IR (TO GO, conjugado no presente) + verb infinitive". *6o´, 176*
PORTUGUÊS	***ENGLISH***
Eu vou aprender português básico.	*I will learn basic Portuguese.*
Vai chover.	*It's going to rain.*
Vamos ao cinema hoje à noite.	*We are going to the movies tonight.*

Organize as frases.

Organize the sentences.

1. Vamos/ no/ ao/ restaurante/ lado/ jantar/ do / hotel
   Let's have diner at the restaurant next to the hotel.

2. Eles/ hoje / cedo/ dormir/ vão
   They are sleeping early today.

3. Vamos/ avião /viajar/ pantanal/ de / para/ o
   We are flying to the pantanal.

4. Vou/ carro/ alugar/ semana/ um/ vem/ que
   I'm renting a car next week.

5. Vou / na/ consultar/ internet
   I'll check on the internet.

6. Ela/ coisa/ agora/ vai/ alguma/ comer
   She will eat something now.

Key:
1) Vamos ao restaurante ao lado do hotel; 2) Eles vão dormir cedo hoje; 3) Vamos viajar de avião para o pantanal; 4) Vou alugar um carro semana que vem; 5) Vou consultar na internet; 6) Ela vai comer alguma coisa agora.

O final -ndo

O final -ndo corresponde muitas vezes ao -ing do inglês, mas ocorre em menos situações.

É usado em formas contínuas. , 130
Ela está procurando o endereço.

Verbos com o final – ndo também podem começar frases, mas não viram substantivos, em vez disso referem-se a "quando" algo acontece.

Encontrando (= quando encontrar) o endereço, poderemos descansar.

The -ndo ending

The -ndo ending corresponds many times to the English -ing, but it occurs in fewer situations.

It is used in continuous forms. *, 130*
She is looking for the address.

Verbs with the – ndo ending can also begin sentences, but they do not become nouns, rather they refer to "when" something happens.

(Upon/When) Finding the address, we can rest.

Ligue as colunas – a forma infinitiva e a forma em -ndo.

Match the columns – the infinitive and the -ndo forms.

1. comprar (to buy)	a) viajando
2. fazer (to make)	b) consertando
3. viajar (to travel)	c) fazendo
4. comer (to eat)	d) gostando
5. dizer (to say)	e) comprando
6. gostar (to like)	f) dizendo
7. consertar (to fix)	g) comendo

Key:
1) E; 2) C; 3) A; 4) G; 5) F; 6) D; 7) B.

Nós x a gente	***We***
Outra forma de dizer "nós" é a expressão "a gente". A palavra "gente" sozinha significa "people", mas a expressão "a gente" sempre se refere a "nós".	*Another way of saying* nós *(we) is the expression* a gente*. The word* gente *by itself means "people", but the expression* a gente *always refers to "we".*
Ambas as formas são bem comuns no dia a dia.	*Both forms are very common in everyday use.*
"A gente" usa as mesmas formas verbais de ele/ela/você, ou seja, terceira pessoa.	"A gente" *uses the same verb forms of* ele/ela/você *(he/she/you), in other words, the third person.*
Por causa disso, podemos omitir "nós", mas não podemos omitir "a gente", ou não saberemos que sujeito a frase tem! 6o', 177	*For this reason, we can omit "nós", but we cannot omit "a gente", or we will not know what the subject of the sentence is!* 6o', 177

Troque "nós" por "a gente" nas frases a seguir e escolha o verbo adequado. Preste atenção nas parte inicial da palavra-verbo! Siga o exemplo.

Replace nós for a gente in the following sentences and choose the correct verb. Pay attention to the initial part of the verb-word! Follow the example

gosta – grita – governa

1. Nós gostamos de ir à praia.
   We like to go to the beach.
   A gente gosta de ir à praia.

esteve – estima – estuda

2. Nós estudamos juntos.
   We study together.
   ___

ficou – fez – foi IRREGULAR VERB! **, 174**

3. Nós fizemos fila durante horas.
   We stayed in line for hours.
   ___

esticou – esquivou – escutou

4. Nós escutamos música ontem à noite.
   We listened to music yesterday night.
   ___

Key:
2) A gente estuda juntos; 3) A gente fez fila durante horas; 4) A gente escutou música ontem à noite.

1º Grupo: o infinitivo termina em -ar – como identificar e conjugar no presente	***1st Group: the infinitive ends in -ar – how to identify and conjugate them in the present***
Se você procurar uma palavra no dicionário e ela terminar em -ar, provavelmente será um verbo do primeiro grupo.	*If you look up a word in the dictionary and it ends in -ar, it will probably be a verb of the first group.*
Como identificar? Verbos que terminam em -ar e <u>que são regulares</u>: para usá-los no presente retiramos o final -ar e usamos as terminações abaixo.	*How to identify them? Verbs that end in -ar and <u>which are regular</u>: to use them in the present we take the -ar ending out and use the following endings.*
Uma razão pela qual você deveria ser capaz de identificar estes verbos e saber sua forma infinitiva é porque formas conjugadas não aparecem no dicionário.	*One reason you should be able to identify these verbs and know their infinitive form is because conjugated forms do not appear in the dictionary.*
PORTUGUÊS	***ENGLISH***
Eu ______o	I ______
Você/ele/ela ______a	You/he/she ______
Nós ______amos	We ______
Vocês/eles/elas ______am	You/they ______
(Eu) <u>trabalho</u> aqui.	*I <u>work</u> here.*
(Você) <u>fala</u> inglês?	*Do you <u>speak</u> English?*
(Ela) <u>canta</u> muito bem.	*She <u>sings</u> very well.*
(Nós) <u>usamos</u> o metrô para ir a vários lugares.	*We <u>use</u> the subway to go to many places.*
(Eles) <u>param</u> o trânsito para as bicicletas passarem.	*They <u>stop</u> the traffic for the bikes to pass.*

Palavras cruzadas. Qual a forma do verbo?

Crosswordss. Which verb form is it?

1) Eu, cantar
2) Vocês, olhar
3) Ela, andar
4) Nós, digitar

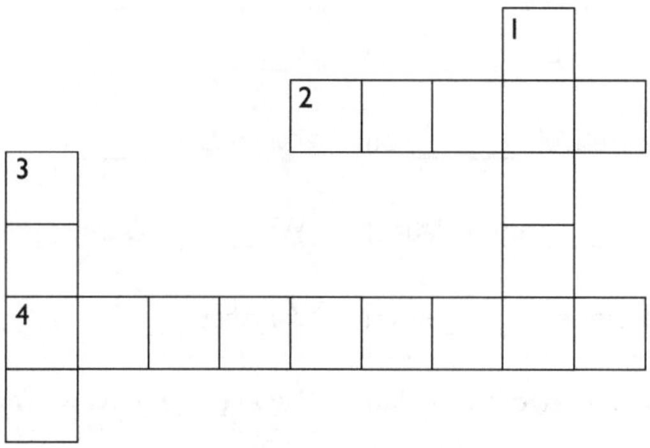

Key:

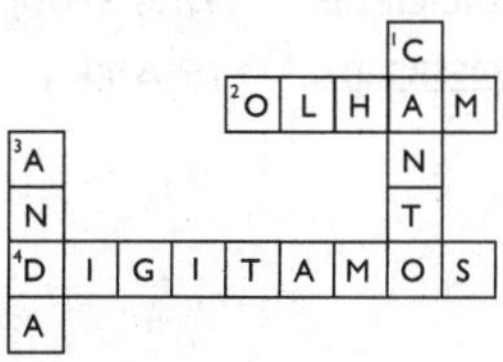

1º Grupo: o infinitivo termina em -ar – como identificar e conjugar no passado	***1st Group: the infinitive ends in -ar – how to identify and conjugate them in the past***
Se você procurar uma palavra no dicionário e ela terminar em -ar, provavelmente será um verbo do primeiro grupo. Como identificar? Verbos que terminam em -ar e que são regulares: para usá-los no passado retiramos o final -ar e usamos as terminações abaixo.	*If you look up a word in the dictionary and it ends in -ar, it will probably be a verb of the first group.* *How to identify them? Verbs that end in -ar and which are regular: to use them in the past we take the -ar ending out and use the following endings.*
PORTUGUÊS	***ENGLISH***
Eu _______ei	*I _____*
Você/ele/ela _______ou	*You/he/she _____*
Nós _______amos (igual!)	*We _____ (same form!)*
Vocês/eles/elas _______aram	*You/they _____*
(Eu) Trabalhei aqui. Agora trabalho em casa.	*I worked here. Now I work at home.*
(Você) falou inglês com o motorista do táxi?	*Did you speak to the taxi driver in English?*
(Ela) cantou muito bem no último show.	*She sang very well in her latest show.*
(Nós) usamos o metrô para ir a vários lugares enquanto estávamos no Brasil.	*We used the subway to go to many places when we were in Brazil.*
(Eles) pararam o trânsito e as bicicletas passaram.	*They stopped the traffic and the bikes passed.*

Palavras cruzadas. Qual a forma do verbo?

Crosswords. Which verb form is it?

1) Eu, andar
2) Vocês, nadar
3) Nós, revisar
4) Ela, compartilhar

Key:

Um verbo coringa: ficar	***A wild verb: ficar***
"Ficar" é usado com muita frequência e significa muitas coisas: permanecer, tornar-se, ser/estar, hospedar-se.	*Ficar is used very frequently and it means lots of things: to remain, to become, to be, to stay (in a hotel).*
É regular. , 144, 146	*It's regular.* *, 144, 146*
PORTUGUÊS	***ENGLISH***
Fique aqui comigo! (ordem)	*Stay here with me! (command)*
Eu fico brava quando vejo falta de respeito.	*I am mad when I see lack of respect.*
Você fica neste hotel?	*Are you staying at this hotel?*
Eles ficam falando sem parar.	*They continue speaking non stop.*
Ficou com fome?	*Are you hungry?*
Ficou bonito.	*It's beautiful. (It became so)*

Complete as lacunas usando as seguintes palavras.

Fill in the blanks using the following words.

ficam – ficou (2×) – ficamos – fica

1. **No fim, _______ tudo certo.**
   At the end everything was alright.

2. **_________ todos no mesmo hotel.**
   We are all in the same hotel.

3. **______ tranquilo!**
   Be cool!

4. **Eles _______ sempre por aqui.**
   They are always around here.

5. **Ontem ela _______ entusiasmada.**
   Yesterday she was excited.

Key:
1) No fim, ficou tudo certo; 2) Ficamos todos no mesmo hotel; 3) Fica tranquilo!; 4) Eles ficam sempre por aqui; 5) Ontem ela ficou entusiasmada.

Tu × Você	***You***
Você pode ouvir alguém usar a palavra "tu" para dirigir-se a outra pessoa.	You may hear someone using the *word* tu *when addressing another person.*
É uma forma muito comum, principalmente no sul do Brasil, e quer dizer o mesmo que "você".	*It's a very common form, especially in the south of Brazil, and it means the same as* você.
Tem/deveria ter sua forma própria para conjugar, mas na prática – e informalmente, na maioria dos casos – verbos com "tu" são conjugados como "você".	*It has/was supposed to have its own way of conjugating, but in practice – and informally, in most cases – verbs with* tu *are conjugated like* você.
Tu sabes/Tu sabe = Você sabe.	*You know.*
Tu entendes/Tu entende = Você entende.	*You understand.*

RELIGIÃO

O Brasil é um país predominantemente católico, e algumas opiniões públicas podem ser bem conservadoras.

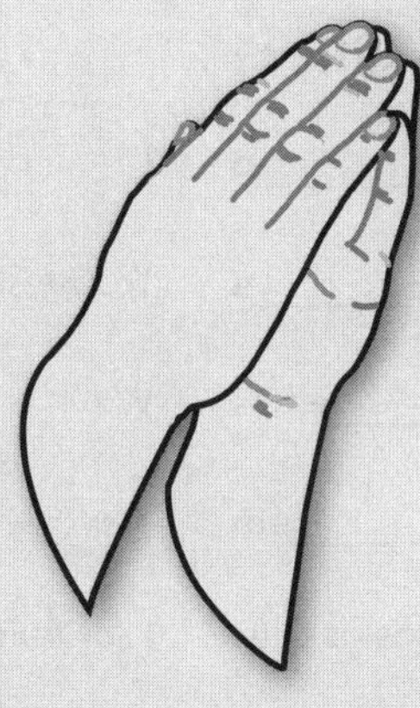

RELIGION

Brazil is a predominately catholic country, and some public opinions can be very conservative.

2º Grupo: o infinitivo termina em -er – como identificar e conjugar no presente	***2st Group: the infinitive ends in -er – how to identify and conjugate them in the present***
Se você procurar uma palavra no dicionário e ela terminar em -er, provavelmente será um verbo do segundo grupo.	*If you look up a word in the dictionary and it ends in -er, it will probably be a verb of the second group.*
Como identificar? Verbos que terminam em -er e que são regulares: para usá-los no presente retiramos o final -er e usamos as terminações abaixo.	*How to identify them? Verbs that end in -er and which are regular: to use them in the present we take the -er ending out and use the following endings.*
PORTUGUÊS	***ENGLISH***
Eu ______o	*I*
Você/ele/ela ______e	*You/he/she*
Nós ______emos	*We*
Vocês/eles/elas ______em	*You/they*
Eu como frutas todos os dias.	*I eat fruits everyday.*
Ela não entende russo.	*She doesn't understand Russian.*
Anoitece tarde no verão.	*It gets dark later in the summer.*
Amanhece cedo.	*It dawns early.*
Acontece.	*It happens.*
Recebemos a notificação todo mês por email.	*(We) receive the notification every month by email.*

Palavras cruzadas. Qual a forma do verbo?

Crosswords. Which verb form is it?

1) Ela, entender

2) Vocês, parecer

3) Eu, atender

4) Nós, beber

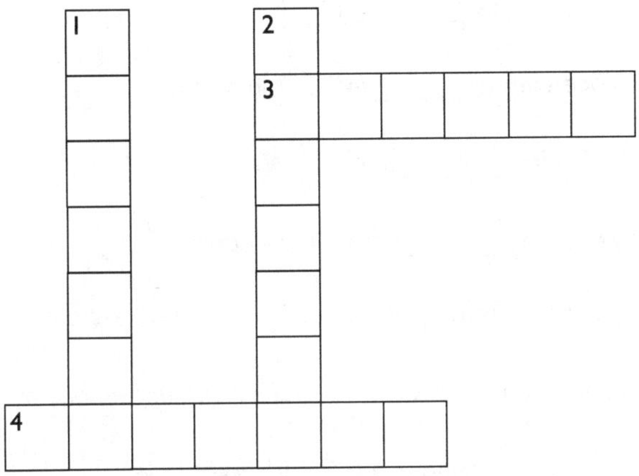

Key:

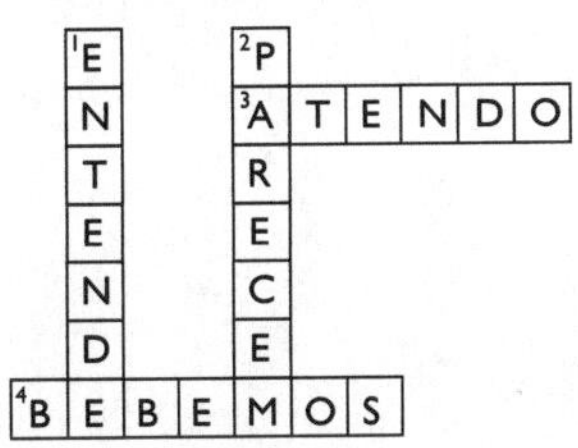

2º Grupo: o infinitivo termina em -er – como identificar e conjugar no passado	***2st Group: the infinitive ends in -er – how to identify and conjugate them in the past***
Se você procurar uma palavra no dicionário e ela terminar em -er, provavelmente será um verbo do segundo grupo. Como identificar? Verbos que terminam em -er e que são regulares: para usá-los no passado retiramos o final -er e usamos as terminações abaixo.	*If you look up a word in the dictionary and it ends in -er, it will probably be a verb of the second group.* *How to identify them? Verbs that end in -er and which are regular: to use them in the past we take the -er ending out and use the following endings.*
PORTUGUÊS	***ENGLISH***
Eu ________i	*I*
Você/ele/ela ________eu	*You/he/she*
Nós ________emos	*We*
Vocês/eles/elas ________eram	*You/they*
Eu comi apenas frutas ontem.	*I ate only fruit yesterday.*
Ela não entendeu a mensagem.	*She didn't understand the message.*
Anoiteceu.	*It's night time.*
Amanheceu.	*It's morning time.*
Aconteceu.	*It "happened".*
Recebemos novos hóspedes ontem. (igual!)	*(We) received new guests yesterday. (same form!)*

Palavras cruzadas. Qual a forma do verbo?

Crosswords. Which verb form is it?

1. Ela, escolher
2. Vocês, esquecer[2] (c,ç)
3. Nós, responder
4. Eu, aprender

Key:

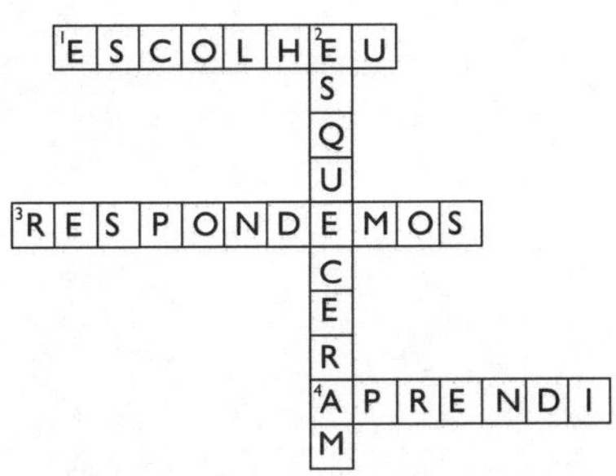

[2] Com "eu" os verbos terminados em -cer tem o C transformado em Ç para manter o som de "s": -çor /sor/ – esquecer (to forget), eu esqueço /ehskehssoh/, envelhecer (to become older), eu envelheço /ehnvehlehssoh/ etc. , 37

3º Grupo: o infinitivo termina em -ir – como identificar e conjugar no presente	***3st Group: the infinitive ends in -ir – how to identify and conjugate them in the present***
Se você procurar uma palavra no dicionário e ela terminar em -ir, provavelmente será um verbo do terceiro grupo. Como identificar? Verbos que terminam em -ir e que são regulares: para usá-los no presente retiramos o final -ir e usamos as terminações abaixo.	*If you look up a word in the dictionary and it ends in -ir, it will probably be a verb of the third group.* *How to identify them? Verbs that end in -ir and which are regular: to use them in the present we take the -er ending out and use the following endings.*
PORTUGUÊS	***ENGLISH***
Eu _______o	*I*
Você/ele/ela _______e	*You/he/sh*
Nós _______imos	*We*
Vocês/eles/elas _______em	*You/they*
Eu admito meus erros.	*I admit "my mistakes" (when I'm wrong).*
Você não invade a casa dos outros.	*You don't invade other people's home.*
O chefe cumpre com suas obrigações?	*Does the boss fulfill his obligations?*
Eles partem amanhã de volta para casa.	*They leave back home tomorrow.*
Essas palavras não me confundem.	*These words don't confuse me.*

REPRESENTANDO VALORES

A forma de representar valores é diferente. Basicamente sempre que for uma vírgula em inglês, será um ponto em português, e vice-versa. Assim, 9 reais e cinquenta centavos são representados assim: R$ 9,50. E mil e quinhentos reais serão R$ 1.500,00.

REPRESENTING VALUES

The way of representing values is different. Basically, every time there is a comma in English, there will be a period in Portuguese, and vice-versa. So, nine reais and fifty cents is represented as: R$ 9,50. And fifteen hundred reais will be R$ 1.500,00.

3º Grupo: o infinitivo termina em -ir – como identificar e conjugar no passado	***3st Group: the infinitive ends in -ir – how to identify and conjugate them in the past***
Se você procurar uma palavra no dicionário e ela terminar em -ir, provavelmente será um verbo do terceiro grupo.	*If you look up a word in the dictionary and it ends in -ir, it will probably be a verb of the third group.*
Como identificar? Verbos que terminam em -ir e que são regulares: para usá-los no passado retiramos o final -ir e usamos as terminações abaixo.	*How to identify them? Verbs that end in -ir and which are regular: to use them in the past we take the -ir ending out and use the following endings.*
PORTUGUÊS	***INGLÊS***
Eu _______i	*I*
Você/ele/ela _______iu	*You/he/she*
Nós _______imos	*We*
Vocês/eles/elas _______iram	*You/they*
(Eu) admiti meus erros durante a discussão.	*I admitted "my mistakes" during the discussion.*
Você não invadiu a privacidade de ninguém.	*You didn't invade anyone's privacy.*
O chefe cumpriu com as exigências dos funcionários.	*The boss met the employees' demands.*
(Eles) partiram ontem de volta para casa?	*Did they leave back home yesterday.*
Essas diferenças não me confundiram muito.	*These differences didn't confuse me much.*

Palavras cruzadas. Qual a forma do verbo?

Crosswords. Which verb form is it?

1) Vocês, repetir
2) Eu, permitir
3) Ele, insistir
4) Nós, investir

Key:

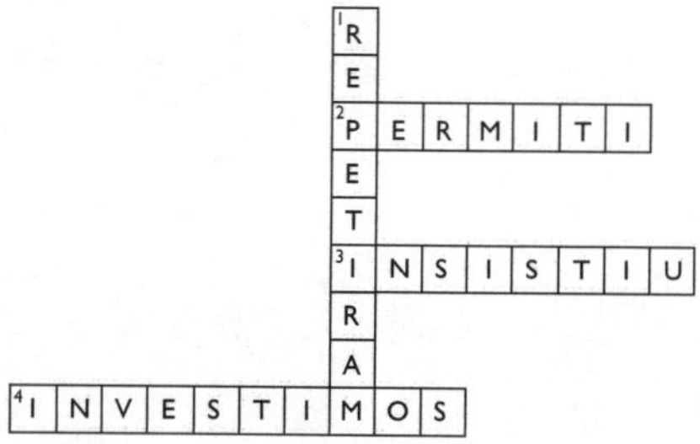

"Ser" no presente	*To be ("permanently") in the present*
Uma ideia – TO BE – é expressa em duas, em dois verbos diferentes: um com foco na permanência e outro, na temporariedade.	*One idea – TO BE – is expressed in two ideas, with two different verbs: one focusing on permanence and another on temporariness.*
Claro que os critérios para saber qual forma usar podem ser bem subjetivos, mas de modo geral SER se aplica ao que não vai mudar "de hoje para amanhã".	*Of course, the criteria to know which form to use may be very subjective, but generally,* SER *applies to things that are not going to change "overnight".*
Como todos os verbos em português, SER tem formas específicas para cada pessoa.	*Like all verbs in Portuguese, it has specific forms for each person.*
Aqui estão as formas no presente.	*Here are the forms in the present.*
É irregular.	*It is irregular.*
PORTUGUÊS	*INGLÊS*
Eu sou	*/soh-ooh/ I am*
Você/ele/ela é	*/eh/ You are he/she is*
Nós somos	*/sohmoohs/ We are*
Vocês/eles/elas são	*/suh-ooh/ You (plural) /they are*

Complete as lacunas usando as seguintes palavras.

Fill in the blanks using the following words.

é (4×) – são – somos – sou

1. (Eu) _______ um ser humano.
   I am a human being.

2. Ela _______ brasileira.
   She is Brazilian.

3. Você _______ estrangeiro?
   Are you a foreigner?

4. Hoje _______ quinta-feira.
   Today is Thursday.

5. O policial _______ antipático?
   Is the police officer rude?

6. Nós _______ seres sociais.
   We are social beings.

7. Eles _______ brasileiros.
   They are Brazilian.

Key:
1) sou; 2) é; 3) é; 4) é; 5) é; 6) somos; 7) são

"Ser" no passado	***To be ("permanently") in the past***
Uma ideia – TO BE – é expressa em duas, em dois verbos diferentes: um com foco na permanência e outro, na temporariedade.	*One idea – TO BE – is expressed in two, in two different verbs: one focusing on permanence and another on temporariness.*
Claro que os critérios para saber qual forma usar podem ser bem subjetivos, mas de modo geral SER se aplica ao que não vai mudar "de hoje para amanhã".	*Of course, the criteria to know which form to use may be very subjective, but generally, SER applies to things that are not going to change "overnight".*
Como todos os verbos em português, tem formas específicas para cada pessoa. Aqui, as formas no passado.	*Like all verbs in Portuguese, it has specific forms for each person. Here are the forms in the past.*
É irregular.	*It is irregular.*
Por causa da frequência dessas formas, incluímos as duas formas de SER no passado.	*Due to the frequency of these forms, we included both forms of the verb SER in the past.*
Para quem inicia com português, essas duas formas de passado funcionam da mesma forma – as sutilezas envolvidas na escolha de um e de outro não podem sem explicadas em um livro como este!	*For those starting with Portuguese, these two past forms should work in the same way – the subtleties involved in choosing one or another cannot possibly be explained in a book like this!*

PORTUGUÊS	***INGLÊS***
Eu era/fui	*/ehrah/ /fooh-eeh/ I was*
Você/ele/ela era/foi	*/ehrah/ /foh-eeh/ You were he/she was*
Nós éramos/fomos	*/ehrah/ /foh-moos/ we were*
Vocês/eles/elas eram/foram	*/ehrang/ /fohrang/ You/they were*

Complete as lacunas usando as seguintes palavras.

Fill in the blanks using the following words.

era (3×) – éramos – fui – foi (2×) – foram

1. Eu e___ meio magro.
   I was kind of thin.

2. F___ estudante de engenharia.
   I was an Engineering student.

3. Ela e___ chata.
   She was annoying.

4. Você não f___ claro.
   You weren't clear.

5. Ontem f___ quarta-feira.
   Yesterday was Wednesday.

6. O policial e___ antipático?
   Was the police officer unfriendly?

7. Nós e_____ habitantes das cavernas.
   We were cave dwellers.

8. Eles f_____ amigos.
   They were friends.

Key:
1. era; 2. fui; 3. era; 4. Foi; 5. foi; 6. era; 7. éramos; 8. foram.

"Estar" no presente	***To be ("temporarily") in the present***
Uma ideia – TO BE – é expressa em duas, em dois verbos diferentes: um com foco na permanência e outro, na temporariedade.	*One idea – TO BE – is expressed in two, in two different verbs: one focusing on permanence and another on temporariness.*
Claro que os critérios para saber qual forma usar podem ser bem subjetivos, mas de modo geral ESTAR se aplica ao que pode mudar "de hoje para amanhã".	*Of course, the criteria to know which form to use may be very subjective, but generally,* ESTAR *applies to things that may change "overnight".*
Como todos os verbos em português, tem formas específicas para cada pessoa.	*Like all verbs in Portuguese, it has specific forms for each person.*
Aqui, as formas no presente.	*Here are the forms in the present.*
É irregular.	*It is irregular.*
PORTUGUÊS	***INGLÊS***
Eu estou	/ehstoh-ooh/ I am
Você/ele/ela está	/ehstah/ You are / he/she is
Nós estamos	/estuh-moos/ We are
Vocês/eles/elas estão	/estuh-ooh/ You/they are

Complete as lacunas usando as seguintes palavras.

Fill in the blanks using the following words.

está (3×) – estão – estou – estamos (2×)

1. ______ bem.
   I'm well.

2. Ela ______ com dor de cabeça.
   She has a headache.

3. Você não ______ com sede?
   Aren't you thirsty?

4. __________ com fome.
   We are hungry.

5. O policial ______ mal-humorado?
   Is the police officer in a bad mood?

6. Nós _______ tentando ser sociáveis.
   We are trying to be sociable.

7. Eles ______ no Brasil.
   They are in Brazil.

Key:
1) Estou; 2) está; 3) está; 4) Estamos; 5) está; 6) estamos; 7) estão.

"Estar" no passado	***To be ("temporarily") in the past***
Uma ideia – TO BE – é expressa em duas, em dois verbos diferentes: um com foco na permanência e outro, na temporariedade.	*One idea – TO BE – is expressed in two, in two different verbs: one focusing on permanence and another on temporariness.*
Claro que os critérios para saber qual forma usar podem ser bem subjetivos, mas de modo geral ESTAR se aplica ao que pode mudar "de hoje para amanhã".	*Of course, the criteria to know which form to use may be very subjective, but generally, ESTAR applies to things that may change "overnight".*
Como todos os verbos em português, tem formas específicas para cada pessoa.	*Like all verbs in Portuguese, it has specific forms for each person.*
Aqui, as formas no passado.	*Here, the forms in the past.*
É irregular.	*It is irregular.*
PORTUGUÊS	***INGLÊS***
Eu estava/estive	*/ehstahvah/ /estcheevee/ I was*
Você/ele/ela estava/esteve	*/ehstahvah/ /estehvee/ You were; he/she was*
Nós estávamos/estivemos	*/ehstah-vahmoos/ /estcheevehmoos/ We were*
Vocês/eles/elas estavam/estiveram	*/ehstahvang/ / estcheevehrang/ You/they were*

Complete as lacunas usando as seguintes palavras.

Fill in the blanks using the following words.

estavam – estávamos – estava (2×) – estive

1. __________ em férias.
   I was on vacation.

2. Você ______ de óculos e boné?
   Were you wearing glasses and a cap?

3. Ontem o dia ______ bonito.
   Yesterday was a beautiful day.

4. Nós ________ prontos para ir para a praia.
   We were ready to go to the beach.

5. Vocês ________ em casa?
   Were you home?

Key:
1. Estive; 2. estava; 3. estava; 4. estávamos; 5. estavam.

Irregulares importantes – *ter* no presente	***Important irregular verbs – to have in the present***
Como em inglês, além de ser usado para indicar posse, é usado para formar um tempo passado (tem feito), mas não equivale em uso a essa estrutura em inglês.	*Like in English, besides being used to indicate possession, it is used to form a past tense (has done), but it is not equivalent in use to this structure in English.*
6o´, 134 Também é usado em outras estruturas, mas são menos comuns.	*6o´, 134* *It is also used in other structures, but they are less common.*
Diferente de inglês, a forma "tem" quer dizer o mesmo que "existe".	*Unlike from English, the form* tem *means the same as* existe *(to exist).*
Em português "temos" mais coisas do que em inglês: tenho sede, tenho fome, tenho medo, tenho sono, tenho saúde etc.	*In Portuguese, we "have" more things than in English:* tenho sede *("I have thirst" – I am thirsty),* tenho fome *("I have hunger" – I am hungry),* tenho medo *("I have fear" – I am scared),* tenho sono *("I have sleepiness" – I am sleepy),* tenho saúde *("I have health" – I am healthy)* etc.

PORTUGUÊS	***INGLÊS***
Eu tenho	*/teh-ng-oo/ I have*
Você/ele/ela tem	*/teh-ng/ You have; he/she has*
Nós temos	*/teh-moos/ We have*
Vocês/eles/elas têm	*/teh-ng/ You/they have*

Complete as lacunas usando as seguintes palavras.

Fill in the blanks using the following words.

tem (2×) – tenho – temos (2×)

1. ______ fome.

   I'm hungry.

2. _______ sede.

   We are thirsty.

3. Ela _______ medo?

   Is she scared?

4. Ele não ______ sono. Não dorme bem.

   He is sleepy. He doesn't sleep well.

5. _______ saúde. Nunca ficamos doentes.

   We are healthy. We never get sick.

Key:
1) Tenho; 2) Temos; 3) tem; 4) tem; 5) temos.

Irregulares importantes – *ter* no passado	***Important irregular verbs – to have in the past***
Como em inglês, além de ser usado para indicar posse, nessa forma é usado para formar o passado do passado (tinha feito).	*Like in English, besides being used to indicate possession, in this form it is used to form the past of the past (had done).*
É também usado para outras estruturas, mas são menos comuns.	*It is also used in other structures, but they are far less common.*
Diferente de inglês, a forma "tinha" quer dizer o mesmo que "existia".	*Unlike English, the form* tem *means the same as* existe *(to exist).*
PORTUGUÊS	***INGLÊS***
Eu tinha	*/cheeh-ng-ah/ I had*
Você/ele/ela tinha	*/cheeh-ng-ah/ You/he/she had*
Nós tínhamos	*/cheeh-ng-ah-moos/ We had*
Vocês/eles/elas tinham	*/cheeh-ng-ahng/ You/they had*

Complete as lacunas usando as seguintes palavras.

Fill in the blanks using the following words.

tinha (2×) – tinham – tínhamos (2×)

1. **_______ mais tempo para me divertir antes.**
   I used to have more time to have fun before.

2. **_______ o endereço errado.**
   We had the wrong address.

3. **Eles ______ dinheiro suficiente?**
   Did they have enough money?

4. **Ela não ______ dúvida. O serviço era confiável.**
   There was no doubt for her ("She had no doubt"). The service was reliable.

5. **_______ fome e fizemos um lanche.**
   We were hungry and had a snack.

Key:
1) Tinha; 2) Tínhamos; 3) tinham; 4) tinha; 5) Tínhamos.

Irregulares importantes – *fazer* no presente	***Important irregular verbs – to do in the present***
É um verbo usado para tudo, pois substitui tudo, na ausência da palavra específica, mais ou menos como to do. Usamos "fazer" também para falar da temperatura: faz frio, faz calor; e do tempo que passou: faz tempo que não nos vemos. Há um verbo só (sem do X make).	*It is a verb used for everything, because it can replace everything in the absence of the specific word, more or less like to do.* *We also use* fazer *to talk about the weather:* faz frio *(it's cold),* faz calor *(it's hot) and about the time that has passed:* faz tempo que não nos vemos *(it's been (a long) time we haven't seen). There's only one verb (no do X make).*
PORTUGUÊS	***INGLÊS***
Eu faço	*/fassooh/ I do*
Você/ele/ela faz	*/fahss/ You do; he/she does*
Nós fazemos	*/fahzehmoos/ We do*
Vocês/eles/elas fazem	*/fahzehm/ You/they do*

Complete as lacunas usando as seguintes palavras.

Fill in the blanks using the following words.

fazem – faço – faz (3×) – fazemos

1. ______ **muitas coisas ao mesmo tempo.** *I do lots of things at a time.*
2. **Você** _____ **a lista?** *Will you do the list? ("Do you do...")*
3. _______ **a comida todos os dias.** *We make the food/cook every day.*
4. _______ **muito calor hoje?** *Is it very hot today?*
5. **Você** _______ **isso para mim, por favor?** *Can you do this for me, please?*
6. _______ **passeios de barco pelo rio.** *They take ("make") boat rides on the river.*

Key:
1) Faço; 2) faz; 3) Fazemos; 4) Faz; 5) faz; 6) Fazem.

Irregulares importantes – *fazer* no passado	***Important irregular verbs – to do in the past***
É um verbo usado para tudo, pois substitui tudo, na ausência da palavra específica. Usamos "fazer" também para falar da temperatura: semana passada fazia frio, ontem fazia calor; e de um período concluído: ontem fez uma semana que vim para o Brasil.	*It is a verb used for everything, because it can replace everything in the absence of the specific word.* *We use "fazer" also to talk about the weather: semana passada fazia frio (last week it was cold), ontem fazia calor (yesterday it was hot) and about the time that has passed: ontem fez uma semana que vim para o Brasil (Yesterday was a week that I've been in Brazil.).*
PORTUGUÊS	***INGLÊS***
Eu fiz	*/fees/ I did*
Você/ele/ela fez	*/fehss/ You/he/she did*
Nós fizemos	*/feehzehmoos/ We did*
Vocês/eles/elas fizeram	*/feehzehrang/ You/they did*

Complete as lacunas usando as seguintes palavras.

Fill in the blanks using the following words.

fiz (2×) – fizemos – fizeram – fez (3×)

1. ______ tudo que tinha de fazer hoje.
   I did everything I had to do today.

2. Você _______ sua tarefa?
   Did you do your task?

3. _______ o trabalho todo em meia hora.
   We did all the work in half an hour.

4. ______ muito calor ontem?
   Was it very hot yesterday?

5. Vocês ______ a busca na Internet?
   Did you do the internet search?

6. ______ dois anos que estamos casados.
   We have been married for two years.

7. Ontem _______ aniversário.
   Yesterday it was my birthday.

Key:
1) Fiz; 2) fez; 3) Fizemos; 4) Fez; 5) fizeram; 6) Fez; 7) fiz.

Irregulares importantes – *ir* no presente	***Important irregular verbs – to go in the present***
É um verbo usado com muita frequência.	*It's a verb used very frequently.*
Ir + fazer = expressa futuro/intenção de realizar alguma coisa. , 134	*Ir + fazer (to go + do) = expresses future/intention of making something.* *, 134*
Com a forma "vamos + fazer" temos um convite: Vamos andar de bicicleta? Vamos tomar um café?	*With the form "vamos" + "fazer" we have an invitation: "Vamos andar de bicicleta?" (Let's ride our bikes?) "Vamos tomar um café?" (Let's have a cup of coffee?)*
PORTUGUÊS	***INGLÊS***
Eu vou	*/voh-ooh/ I go*
Você/ele/ela vai	*/vah-ee/ You go; he/she goes*
Nós vamos	*/vuh-moos/ We go*
Vocês/eles/elas vão	*/vuh-ooh-uh/ You/they go*

Complete as lacunas usando as seguintes palavras.

Fill in the blanks using the following words.

vamos (2×) – vou – vai (3×) – vão

1. **_______ ao museu de ônibus.**
   I go to the museum by bus.

2. **Você ______ comigo ao estádio?**
   Are you coming with me to the stadium?

3. **_______ ver o desfile?**
   Let's see the parade?

4. **Ela _______ ao supermercado sozinha?**
   Does she go to the supermarket alone?

5. **Você _______ hoje embora?**
   Will you leave today?

6. **Todos ________ às 10 da manhã.**
   Everybody will go at 10AM.

7. **________ ler isso de novo?**
   Are we going to read this again?

Key:
1) Vou; 2) vai; 3) Vamos; 4) vai; 5) vai; 6) vão; 7) Vamos.

Irregulares importantes – *ir* no passado	***Important irregular verbs – to go in the past***
É um verbo usado com muita frequência. No passado, com você/ele/ela tem a mesma forma de SER... (foi)	*It's a verb used very frequently.* *In the past, with " você/ele/ela" you/he/she has the same for as SER (TO BE)... (foi)*
PORTUGUÊS	***INGLÊS***
Eu fui	*/fooh-ee/ I went*
Você/ele/ela foi	*/foh-ee/ You/he/she went*
Nós fomos	*/foh-moos/ We went*
Vocês/eles/elas foram	*/foh-rang/ You/they went*

Complete as lacunas usando as seguintes palavras.

Fill in the blanks using the following words.

foi (3×) – fui – fomos – foram

1. ______ ao museu a pé. Era longe! *I went to the museum on foot. It was far!*
2. Você _______ buscar o lanche? *Did you ("go") bring the snacks?*
3. _______ ver o desfile. Uma chatice! *We went to see the parade. So boring!*
4. Ela ________ ao cinema. *She went to the movies.*
5. Você _______ outra vez ao banheiro? Está mal? *Did you go to the bathroom again? Are you sick?*
6. Todos _______ para a janela olhar o pôr-do-sol. *Everybody went to the window to look at the sunset.*

Key:
1) Fui; 2) foi; 3) Fomos; 4) foi; 5) foi; 6) foram.

SEGURANÇA

Como em qualquer cidade grande no mundo, é perigoso andar nas cidades brasileiras com os bolsos cheios de dinheiro e apetrechos caros como máquinas e relógios. Ande apenas com a quantidade de dinheiro necessária e tome cuidado com seus pertences.

SAFETY

Just like in any big city in the world, it's dangerous to walk around Brazilian cities carrying loads of cash and expensive gadgets like cameras and watches. Carry only the necessary amount of money and take care of your belongings.

BEBA MUITA ÁGUA

É importante hidratar-se bem, pois pode fazer muito calor. Tome muita água mineral e experimente água de coco também – é vendida nas ruas.

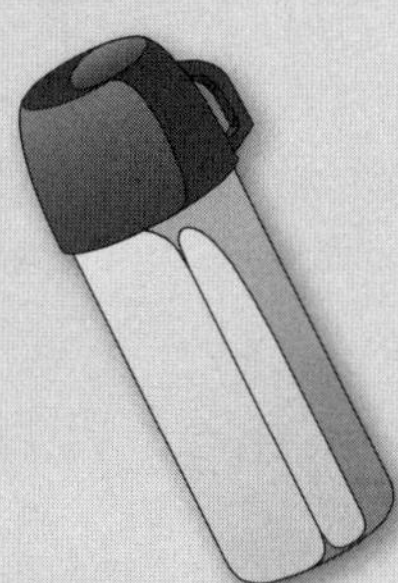

DRINK A LOT OF WATER

It's important to hydrate yourself, since it can be really hot. Drink lots of mineral water. Try coconut water as well – it's sold in the streets.

Atividades acontecendo – estar fazendo	***Activities happening – to be doing***
A forma de expressar a continuidade em português é muito parecida com inglês:	*The form of expressing continuity in Portuguese is very similar to English:*
estar (to be) + verbo -ndo	*to be + verb -ing*
👓, 130, 140, 164, 166	👓, *130, 140, 164, 166*

Mude a forma do verbo e preencha as lacunas.

Change the verb form and fill in the blanks.

falar (to read) – acompanhar (to follow)
viajar (to travel) – ir (to go) – ler (to read)

1. Estou ______ esta explicação. *I'm reading this explanation.*
2. Você está ________? *Are you following?*
3. Ela está _______ ao telefone. *She is talking on the phone.*
4. Eles ainda estão ________? *Are they still traveling?*
5. Estamos _______ para a praia. *We are going to the beach.*

Key:
1) lendo; 2) acompanhando; 3) falando; 4) viajando; 5) indo.

O(s), A(s)	*The*
O gênero (masculino, feminino) e o número (um, mais do que um) aparecem ao usarmos praticamente qualquer substantivo.	*The gender (masculine, feminine) and the number (one, more than one) appear whenever we use almost every noun.*
O _____ = masculino Os _____ = masculino, mais do que um	*the – masculine words* *the – masculine words, more than one*
A _____ = feminino As _____ = feminino, mais do que uma	*the – feminine words* *the – feminine words, more than one*
É também muito frequente – mas não é obrigatório – uma palavra masculina terminar em -o, e uma feminina terminar em -a.	*It is also very frequent – but not mandatory – for a masculine word to end in -o and a feminine one in -a.*
A menina, as meninas O menino, os meninos A mulher, as mulheres O homem, os homens	*The girl, the girls* *The boy, the boys* *The woman, the women* *The man, the men*
Se houver características (adjetivos), elas também combinam nesses dois itens – gênero e número.	*If there are characteristics (adjectives), they also agree in these two items – gender and number.*
A menina chata. Os meninos simpáticos.	*The annoying girl.* *The friendly boys.*
Em português usamos o/a(s) com muito mais frequência do que "the" em inglês, inclusive antes de nomes próprios: o Paulo, a Ana...	*In Portuguese we use o/a(s) much more frequently than in English, including before proper names: "o Paulo", "a Ana"...*

Escreva o, a, os, as e o final da(s) palavra(s) quando necessário. A quantidade é indicada com (1) ou (2).

Write o, a, os, as and the end of the words when necessary. Quantities are indicated with (1) or (2).

1. __ mulher__ bonit__ (1)
   The beautiful woman

2. __ homens inteligente__ (2)
   The intelligent men

3. __passagem__ aérea__ internacional__ (1)
   The international air ticket

4. mais__ exercício__ (2)
   more exercises

5. nov__ tecnologia__ (2)
   new technologies

Key:

1) A mulher bonita; 2) Os homens inteligentes; 3) A passagem aérea internacional; 4) Mais exercícios; 5) Novas tecnologias.

Um/uns, uma(s) – também algum, alguns/alguma(s)

A, an – also some

O gênero (masculino, feminino) e o número (um, mais do que um) aparecem sempre que usarmos praticamente qualquer substantivo.

The gender (masculine, feminine) and the number (one, more than one) appear whenever we use practically every noun.

um _____ = masculino
uns _____ = masculino, mais do que um

a – masculine words
a – masculine words, more than one

uma _____ = feminino
umas _____ = feminino, mais do que uma

a – feminine words
a – feminine words, more than one

É também muito frequente – mas não é obrigatório – uma palavra masculina terminar em -o, e uma feminina terminar em -a.

It is also very frequent – but not mandatory – for a masculine word to end in -o and a feminine one in -a.

uma menina, umas meninas
um menino, uns meninos
uma mulher, umas mulheres
um homem, uns homens

a girl, some girls
a boy, some boys
a woman, some women
a man, some men

Se houver características, elas também combinam nesses dois itens – gênero e número.

If there are characteristics, they also agree with these two items – gender and number.

uma menina gorda
uns meninos mal-educados

a fat girl
some rude boys

Escreva um, uns, uma ou umas, -o(s), -a(s) quando necessário.

Write um, uns, uma or umas, -o(s), a(s) when necessary.

1. Vi ____ roupas bo__ e barat__.
   I saw some good and cheap clothes.

2. Pode me dar ____ guardanapos?
   Can you give me some napkins?

3. Você tem ___ caneta? Não, só tenho ___ lápis.
   Do you have a pen? No, I only have a pencil.

4. Vi ___ pessoas fantasiad__ na praia hoje.
   I saw some people in costumes today at the beach.

5. Preciso de ___ copo d'água.
   I need a glass of water.

Key:
1) Vi umas roupas boas e baratas; 2) Pode me dar uns guardanapos; 3) Você tem uma caneta? Não, só tenho um lápis; 4) Vi umas pessoas fantasiadas na praia hoje; 5) Preciso de um copo d'água.

Onde? – palavras que podem indicar lugar	***Where? – words that can indicate places***
Para/a – direção	*To – direction*
Vou para o meu hotel agora. Vou ao meu hotel agora.	*I'll go to my hotel now.*
Em – local (no = em + o; na = em + a,...)	*in, on, at – place* *(no = em + o; na = em + a,...)*
na rua, no restaurante, na praia...	*on the street, in the restaurant, on the beach...*
Entre – local com duas ou mais referência	*Between – place with two or more references*
O museu fica entre o bar e o cinema.	*The museum is between the bar and the cinema/movie theater.*
Acima de, sobre	*Above, over*
Abaixo de, sob	*Below, under*
Fora (de)	*Outside (of)*
Dentro (de)	*Inside (of)*
Em frente a	*In front of*

Numere as frases de acordo com a tradução:

Number the sentences according to their translation:

A) ( ) Tem uma mosca dentro do copo.

B) ( ) Em frente à praça tem uma igreja.

C) ( ) Fora do parque tem muito vendedores.

D) ( ) Para onde vai este ônibus?

E) ( ) Estou no meu hotel.

F) ( ) Ela está no restaurante.

G) ( ) O quadro de avisos fica acima do elevador.

H) ( ) O estacionamento está sob o shopping.

1) *Where is this bus going to?*

2) *Outside the park there are many peddlers.*

3) *In front of the square there is a church.*

4) *The bulletin board is above the elevator.* , 148

5) *The parking lot is under the mall.*

6) *I'm in my hotel.*

7) *She is in the restaurant.*

8) *There is a fly inside the glass.*

Key:
1) D; 2) C; 3) B; 4) G; 5) H; 6) E; 7) F; 8) A.

Quando? – palavras que podem indicar tempo	***When? – words that can indicate time***
a – horários	*at – telling the time*
Nos vemos às 10 horas. Às = a + a(s) horas	*We'll meet (see each other) at 10.*
Em – período	*In/on – period*
Em duas semanas voltamos para casa.	*In two weeks we go (will) back home.*
Em janeiro chove muito. Chove durante o verão todo.	*In January it rains a lot. It rains all summer long.*
Durante – duração	*During – duration*
Ele dormiu durante o show.	*He slept during the show.*
Depois de – passado um momento	*After – past a moment*
Vamos jantar depois do passeio?	*Let's have dinner after the tour?*
Antes de – momento anterior	*Before – a previous moment*
Antes de vir aqui o guia vai ligar.	*Before coming here the guide will call.*

Numere as frases de acordo com a tradução.

Number the sentences according to the translation.

A. ( ) Antes da chuva o céu escurece.

B. ( ) Depois da janta vamos tomar sorvete.

C. ( ) Durante o jogo tenho de me concentrar.

D. ( ) A que horas você vem? Às 11.

E. ( ) Depois do passeio quero ir para o hotel.

F. ( ) Passo aí em duas horas para pegar vocês.

G. ( ) Você vem antes ou depois de passar no câmbio?

H. ( ) As lojas não fecham entre meio dia e duas horas.

1. *I will stop by in two hours to pick you up.*
2. *After the tour I want to go to the hotel.*
3. *Before the rain the sky gets dark.*
4. *During the game I have to concentrate.*
5. *Will you come before or after going to the currency exchange?*
6. *After dinner we will have ice cream.*
7. *What time are you coming? At 11.*
8. *Stores don't close between midday and 2 o'clock.*

Key:
1) F; 2) E; 3) A; 4) C; 5) G; 6) B; 7) D; 8) H.

Fazendo comparações I	*Drawing comparisons I*
As comparações são quase sempre feitas usando a palavra "mais".	*Comparisons are almost always made using the word* mais *(more).*
Apenas algumas características (adjetivos) possuem uma versão comparativa:	*Only a few characteristics (adjectives) have a "comparative version":*
bom – melhor ruim – pior	*good – better* *bad – worse*
grande – maior pequeno – menor	*big – bigger* *small – smaller*
A estrutura "do + que" também é usada para construir comparações.	*The structure* do + que *(than) is also used to draw comparisons.*
Para indicar superação, basta adicionar o/a(s) na frente.	*To indicate "overcoming", it is enough to add o/a(s).*
Este é o melhor mapa da cidade.	*This is the best map of the city.*
Aquele é o pior restaurante que já fui.	*That is the worst restaurant I've ever been to.*

PORTUGUÊS	*INGLÊS*
Minha mala é mais pesada que a sua. Mas a minha é maior.	*My bag is heavier than yours. But mine is bigger.*
Esse caminho é mais curto.	*This path is shorter.*
É melhor não discutir.	*It's better not to argue.*
Seria mais interessante ir ao museu.	*It would be more interesting to go to the museum.*

Organize as frases.

Organize the sentences.

1. **O/ o/ suco/ manga/ laranja/ de/ mais/ suco/ é/ que/ do gostoso/ de.**
   Mango juice is tastier than orange juice.

2. **Essa/ a/ é/ bonita/ mais/ praia/ cidade/ da.**
   This is the most beautiful beach in the city.

3. **Eles/ melhores/ os/ são/ ramo/ do.**
   They are the best in this field.

4. **Não/ pior/ é/ opção/ a.**
   It's not the worst option.

5. **Ele/ menos/ é/ extrovertido/ parece/ do/ que.**
   He is less outgoing than it seems.

Key:
1) O suco de manga é mais gostoso do que o de laranja; 2) Essa praia é a mais bonita da cidade; 3) Eles são os melhores do ramo; 4) Não é a pior opção; 5) Ele é menos extrovertido do que parece.

SOL

Não esqueça do filtro solar e respeite os horários recomendados para expor-se ao sol, especialmente no verão. Se você não for acostumado com sol forte, poderá virar um pimentão na praia!

SUN

Don't forget to wear sunblock and follow the recommended times for exposing yourself to the sun, specially in the summer. If you are not used to strong sunlight, you may "virar um pimentão" (turn into a red sweet pepper) on the beach!

CAIXAS ELETRÔNICOS

O horário dos bancos é geralmente das 10h as 16h (em cidades pequenas esse período pode ser menor), mas os caixas eletrônicos estão disponíveis 24h em vários lugares, como postos de gasolina, shoppings e os próprios bancos.

ATMS

Banking hours are usually from 10:00 AM to 4:00 PM (in small cities this period can be shorter), but ATMs are available 24h in many locations, like gas stations, malls and the banks themselves.

Fazendo comparações II	***Drawing comparisons II***
As comparações são quase sempre feitas usando a palavra "mais".	*Comparisons are almost always made using the word mais (more).*
Apenas algumas maneiras (advérbios) possuem uma versão comparativa:	*Only a few manners (adverbs) have a "comparative version":*
bem – melhor mal – pior	*well – better* *badly – worse*
pouco – menos muito – mais	*little – less* *much – more*
A estrutura "do + que" também é usada para construir comparações.	*The structure do + que (than) is also used to draw comparisons.*
PORTUGUÊS	***INGLÊS***
Eu dirijo melhor aqui, porque tem menos buracos na estrada.	*I drive better here because there are less potholes.*
Ela cozinha melhor que eu.	*She cooks better than me.*
Esse filme é muito mais interessante do que o outro.	*This movie is much more interesting than the other one.*
Vamos chegar mais rápido do que o esperado.	*We will arrive faster than expected.*

Organize as frases.

Organize the sentences.

1. Ela/ que/ nada/ rápido/ do/ mais/ eu.
   She swims faster than me.

2. Comemos/ para/ comida/ saborear/ devagar/ a/ mais.
   We ate slower to savor the food.

3. Eles/ , vai/ tem/ malas/ carro/ caber/ tudo/ menos/ no /e.
   They have less luggage and everything will fit in the car.

4. Gostei/ restaurante/ desse/ mais.
   I liked this restaurant better.

5. O/ baixo/ helicóptero/ mais/ voa.
   The helicopter flies lower.

Key:
1) Ela nada mais rápido do que eu; 2) Comemos mais devagar para saborear a comida; 3) Eles tem menos malas e vai caber tudo no carro; 4) Gostei mais desse restaurante; 5) O helicóptero voa mais baixo.

Impresso nas oficinas da
SERMOGRAF - ARTES GRÁFICAS E EDITORA LTDA.
Rua São Sebastião, 199 - Petrópolis - RJ
Tel.: (24)2237-3769